小学校英語サポートBOOKS

身近な話題で
楽しく話せる！

Small Talk 88
月別メニュー

山口美穂 著

明治図書

まえがき

　Small Talk は心と言葉のキャッチボールです。音声や映像の英語教材から学ぶことも多くありますが，心のこもった言葉で，相手の表情を見ながら，互いの言葉に反応して話す経験をすることが，この活動の楽しさであり，価値あることだと思います。

> 「前より英語が話せるようになった。もっと話せるようになりたい。」

　3月の英語の授業終了時に子どもたちからこんなメッセージをもらいました。教師にとって，一番のご褒美をもらったと喜びをかみしめました。

> 「子どもたちが本当に話したいことを話させたい。」

　この思いで，毎回，次はどんな話題にしようか考えてきました。子どもたちの，

> 「面白そう。」「話したい。」

と，目を輝かせる姿を思い浮かべながら，話題を考えるのは楽しい作業でした。
　Chapter3「81　春を感じるものは？」の話題の時には，ALT が「つくし」を知らないことに "Really?" と驚き，説明したいと多くの子が手を挙げました。

003

> "It's brown."
> "It's a plant."
> "I can eat."

調理法を説明する子もいました。最後には,

> "This way."

と，まっすぐ立ち上がって，全身で「つくし」を表現する子もいました。本当に楽しいやり取りの続いた時間でした。

　Small Talk を実践していくと多くの驚きと出合います。この表現は長い文だからむずかしいだろう…と予想していてもサラリと話していたり，そんなことが言いたいのか，と発見したり。この本では私の実践をお伝えしますが，多くの先生方の工夫でさらに Small Talk が進化していくことを願っています。そして，ぜひ実践を交流させていただけたらと思います。

　最後になりますが，研究を導いてくださった岐阜大学の巽　徹教授，温かく実践を見守ってくださり，出版に御賛同くださった脇田吉彦校長，共に英語の話題を考えてくださった Joshua Davila 氏，山口稜雅氏に心より感謝申し上げます。

　2019年6月

山口美穂

本書の使い方

① Small Talk 月別メニューの使い方（Chapter3）

　Chapter3では，児童が興味のあることや季節や学校行事に関連した話題を，月ごとに8つずつ紹介しています。対象学年は5・6年生ですが，同じ話題でも内容を精選すれば，3・4年生でも Small Talk を実践できます。

　タイトルは話題を示しています。最初に話題について【目的】【場面】【状況】が示してありますが，児童には，1回目の Small Talk 開始前に示します。

② Small Talk 月別メニューの進め方（Chapter3）

① 導入する

　ALT（外国語指導助手）とHRT（学級担任）が会話をします。ここに示した会話例は台本としてALTとの打ち合わせで活用していただくもので，実際の会話では流れに合わせて内容が変わってきてもよいでしょう。話題について事前に児童に話すことなく，会話のリズムやイメージを掴み取らせていきます。未習表現も使いますが，児童は雰囲気や知っている単語をつなぎ合わせて内容を掴んでいきます。HRT1人で授業をする時は，❶に示した会話例を参考に児童に話しかけていきます。

② 教師と児童が会話をする

　❶に示した会話例から，本時の話題を進めるためのキーセンテンスを使って児童に話しかけます。すぐに答えられない児童のために，いくつかの答えの例も示してあります。クラス全員で1人の児童に問いかけたり，反応させ

005

たりして，今日の話題の表現や反応の仕方に慣れさせていきます。

③ 1回目の Small Talk をする

初めは1分程度，児童の実態を見ながら2分程度の会話をさせます。

④ Discussion Time をする

児童の言えなかった表現や質問を受け，一緒に英語表現を考えていく時のやり取りの例が示してあります。

⑤ 2回目の Small Talk をする

⑥ 振り返りをする

自己の変容を自覚したり，教師や友だちからアドバイスを受けたりします。

実際の紙面

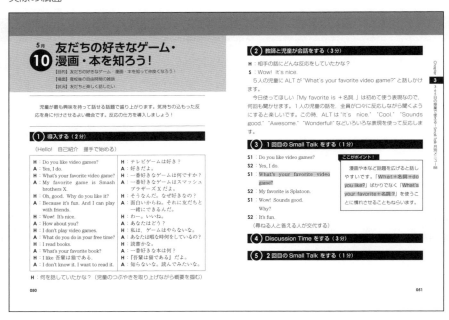

Contents

まえがき　003・本書の使い方　005

Chapter1　英語教師が押さえておきたい！Small Talk の考え方・とらえ方

1　Small Talk とはどんな活動？　012

2　Small Talk のねらいは？　014

3　Small Talk で児童がどう変わる？　016

4　Small Talk で使える語彙・表現が広がる？　018

5　Small Talk の指導で大切にしたいことは？　020

Chapter2　Q&A でわかる！Small Talk のつくり方・使い方

Q1　どのような形式で行えばいいでしょうか。　022

Q2　どのようなスタンスで導入すればいいでしょうか。　023

Q3　自然な会話になるための段階的な指導法はありますか。　024

Q4　Response できる児童を育てるにはどうすればいいでしょうか。　025

Q5　教師が英語力に自信がない場合はどうすればいいでしょうか。　026

Q6　「言いたい」けど「わからない」児童にはどう指導すればいいでしょうか。　027

Q7　パターン別：児童が困った時にはどう対応すればいいでしょうか。　028

007

Q8 Discussion Time（中間評価）では何をするのでしょうか。

029

Q9 意欲的に Small Talk に取り組む話題・場面設定はありますか。 030

Q10 意欲的に Small Talk を継続させるにはどうすればいいでしょうか。 031

Chapter3　365日の授業で使える！ Small Talk 月別メニュー88

4月

1 友だちと休み時間に遊ぶ約束をしよう！　032
2 家に帰ったら何をするの？　034
3 好きな食べ物は何？　036
4 好きなおやつは何？　038
5 果物狩りに行こう！　040
6 朝食は何が好き？　042
7 好きな給食のメニューは何？　044
8 好きな食べ物をどこで買う？　どのお店に行く？　046

5月

9 ゴールデンウィークで楽しかったことは？　048
10 友だちの好きなゲーム・漫画・本を知ろう！　050
11 友だちの好きなキャラクターを知ろう！　052
12 友だちの好きな TV 番組を知ろう！　054
13 好きな音楽やアーティストは？　056
14 友だちの趣味を知ろう！　058
15 動物園で見たい動物は？　060
16 ペットを飼っているの？　062

6月

17 運動会で頑張りたい種目は？ 064

18 運動会の思い出を話そう！ 066

19 好きなスポーツは何？ 068

20 始めてみたいスポーツは何？ 070

21 オリンピックで観たい競技は何？ 072

22 友だちの一番好きな教科を知ろう！ 074

23 友だちの好きな季節を知ろう！ 076

24 暇な時は何するの？ 078

7月

25 夏が好きか？　冬が好きか？ 080

26 好きな夏の果物は何？ 082

27 好きな夏の食べ物は何？ 084

28 苦手な野菜は何？ 086

29 誕生日はいつ？　何が欲しい？ 088

30 特技は何？ 090

31 夏祭りに行きたい？ 092

32 夏休みにやりたいことは？ 094

9月

33 夏休みはどうだった？ 096

34 夏休みにどこに行ったの？ 098

35 昨日の夕ご飯は何を食べたの？ 100

36 週末は何していたの？ 102

37 あなたの宝物は何？ 104

38 お気に入りのアニメは何？ 106

39 今夢中になっていることは？ 108

40 縄跳び大会で頑張りたいことは？ 110

10月

41 どんな秋の食べ物が好き？　112

42 この町の名物は何？　114

43 野外学習で楽しみなことは？　116

44 野外学習の思い出を話そう！　118

45 修学旅行で楽しみなことは？　120

46 修学旅行で外国人観光客に自分の町の紹介をしよう！　122

47 修学旅行で一番楽しかったことは？　124

48 先生当てクイズをしよう！　126

11月

49 友だちの服装をほめよう！　128

50 長野旅行は夏がいいか？　冬がいいか？　130

51 自分の町の好きな場所は？　132

52 自分の町にあったらいいと思うものは？　134

53 日本の中で行ってみたい場所は？　136

54 行ってみたい外国の国はどこ？　138

55 どんな温まる料理が好きなの？　140

56 Thanksgiving Day に誰に感謝しますか？　142

12月

57 ウィンタースポーツは何が好き？　144

58 寒さ対策はどうする？　146

59 サンタクロースに何をお願いする？　148

60 クリスマスパーティの準備をしよう！　150

61 雪が降ったら，何をして遊ぶ？　152

62 今年の重大ニュースは？　154

63 お正月の準備は何をする？　156

64 冬休みで楽しみなことは？　158

1月

65 冬休みで楽しかったことは？　160

66 お正月のごちそうでは何が好き？　162

67 今年の目標は何？　164

68 友だちの紹介をしよう！　166

69 ハンバーガーショップで注文するとしたら？　168

70 魔法が1つ使えたら何がしたい？　170

71 ペットを飼うとしたら？　172

72 兄弟について話そう！　174

2月

73 あなたのヒーローは？　176

74 節分の日には何をしたの？　178

75 気分を変える時はどうする？　180

76 習っていることや，やってみたいことは？　182

77 あなたの家はどこ？　184

78 よく行くお店はどこ？　186

79 校内で一番好きな場所は？　188

80 来年の担任の先生は誰？　190

3月

81 春を感じるものは？　192

82 春休みにやりたいことは？　194

83 ひな祭りには，何を食べる？　何をする？　196

84 小学校生活の一番の思い出は何？　198

85 友だちに感謝の気持ちを伝えよう！　200

86 あなたの夢は？　202

87 中学校でどんなことがしたい？　204

88 初めて出会った外国の方をおもてなししよう！　206

Chapter1　英語教師が押さえておきたい！ Small Talk の考え方・とらえ方

① Small Talk とは どんな活動？

① はじめの一歩

　Small Talk は，世間話，おしゃべりという意味の語彙です。「小学生は英語で雑談ができるのだろうか？」2010年度の新学習指導要領で小学校に初めて外国語活動が導入された頃，ある中学校研究授業を記録したビデオの中で一人の中学2年生が日本人英語教師と10分程度の英語の雑談をしている様子を視聴したことがあります。昨日の夕食や，昨日視聴した TV 番組などについて，流暢に会話している様子に衝撃を受けました。ビデオ視聴後に，「では，小学生は英語で雑談ができるようになるか？」というテーマで，英語教師を志す大学生と座談会を行いました。ほとんどの学生の答えが "NO！" でした。その当時は，まさにこれから小学校英語活動が導入されようとしている時でした。学生は，自分たちが小学校で英語活動を経験していないため，小学生が英語で雑談するなど，全く考えられないことであったようです。

　それから10年余り英語活動で，買い物ごっこや，ゲームなど児童が喜びそうな英語使用の疑似場面を工夫して，定型文による会話を繰り返す実践を行ってきました。しかし，「どんなにゲームで場面設定を工夫しても，それは定型文を何度も発話させるための場であり，ドリル的な学習と変わりがないのではないか？」「児童が本当に話したいことは，もっと違うことではないか？」という疑問を持つようになりました。そこで，英語活動の授業の冒頭に「インタビュータイム」活動を行ってみることにしました。「インタビュータイム」では，トピックスを教師が指定することなく，児童が ALT（外国語指導助手）に尋ねてみたい内容について，自由に質問をして，答えてもらうとい

012

う活動です。最初は戸惑っていた児童も，継続して行ううちに，「好きなゲームを聞いてみたい」「好きなキャラクターを聞いてみたい」など，楽しい質問を考えてくるようになり，「インタビュータイム」は大いに盛り上がりました。

　そこで次に，児童同士で会話をする活動も取り入れてみました。「今，どんなゲームに興味があるの？」など本当に知りたい話題で会話をする活動を実施してきました。これが，Small Talk に近い活動であったと思われます。楽しそうに友だちと会話をする姿を目の当たりにして，「小学生でも英語で雑談ができるかもしれない。」そんな思いでこれまでこの活動を追い続けてきました。

② 小学校外国語活動・外国語研修ガイドブックに見る Small Talk とは？

　「小学校外国語活動・外国語研修ガイドブック」では，Small Talk を高学年で実施する活動であると示しています。2時間に1回程度，帯活動で，あるテーマのもと，指導者のまとまった話を聞いたり，ペアで自分の考えや気持ちを伝え合ったりします。5年生では，指導者の英語の発話を聞いたり，指導者と児童が英語でやり取りを行うことを中心に，6年生ではペアで自分の考えや気持ちを伝え合ったりすることを中心に行うとよいとされています。Small Talk の目的は児童が興味・関心のある身近な話題について，自分自身の考えや気持ちを楽しみながら伝え合う中で，既習表現を繰り返し使用してその定着を図ることや，対話を続ける方略を身に付けることです。この方略とは『繰り返し』『一言感想』『確かめ』『さらに質問』『対話の終了』などを示しています。相手とのやり取りの際，自分の力で質問したり答えたりする即興的なやり取りやより自然に近い会話を目指しています。また，巽（2018）は「英語に触れ始めて日の浅い小学生に，母語と同等の内容を求めることは当然できません。まずは，限られた範囲から少しずつ雑談を広げたり，深めたりできていく穏やかなステップ作りや繰り返し雑談する機会を提供する根気強い取り組みを行うことが大切になります。」と述べています。

② Small Talk のねらいは？

① 教師と児童の Small Talk

　Small Talk を始める場合，いきなり「この話題で自由に会話をしてみましょう。」と課題を与えても，児童はどのように話せばいいかイメージが持てずに固まってしまうことも多いでしょう。そこでまず教師と児童のやり取りをクラスの児童全員が共有する中で，正しい英語表現の十分なインプットを行います。この時，「次は自分が話しかけられるかもしれない。」という緊張感も必要です。ある児童の答えに対して，聞いている児童が "Really?" "Me, too." と自由に発言できるような雰囲気で進められるとよいですね。児童が自分も話してみたいなとウズウズしてきたら，「ちょっと隣の人と話してみましょう。」と促してみます。5年生は教師と児童の会話，6年生は児童同士の会話という形にとらわれないで，児童の意識を観察しながら，児童同士の Small Talk を少しずつ導入していくとよいでしょう。

　教師と児童の会話のねらいは，正しい英語表現を十分にインプットさせることと，英語で会話をすることのイメージを理解させることです。実験的に Small Talk を初めて経験する5年生2クラスで，一方のクラスを教師と児童との会話を中心に Small Talk を行い，他方のクラスを児童同士の会話を中心に Small Talk を15回実施して，実施前と後にパフォーマンステストを行い，その発話内容を比較してみました。発話総語数は教師と児童との会話を中心に行ったクラスのほうが伸びていました。しかし，会話の中の沈黙の時間が増えていました。教師と児童の会話では，教師の質問を受ける場面が多く，自ら質問文を考えるという機会がないため，パフォーマンステストで

質問文を考える間が長くなったと考えられます。このことから，教師と児童のやり取りで十分にインプットした後，少しのアウトプットを行うことが必要であるといえるようです。

(2) 児童同士の Small Talk

児童同士の Small Talk は，与えられた定型の質問文と答えの文を使って話すのではなく，既習表現の中から，適切な表現を自分で選択して使うことを繰り返す中で，既習表現の定着を図っていこうとするものです。ここで大切なのは児童がその話題について「話したい！」と思うかどうかです。

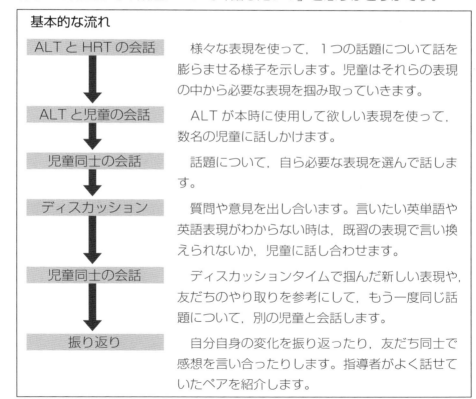

③ Small Talk で 児童がどう変わる？

① 相手の話に反応する

　「どんなゲームが好き？」「マリオが好き！」真顔で「……」と日本語でやって見せます。児童から笑いがもれます。「休み時間にこんな会話をした時に，自分から質問してその答えを聞いて，何も反応しないことはないですよね。『やったことないから，今度やらせて？』とか，せめて『へー』とは言うでしょう。まず，相手の答えを聞いたら，"Aha！""I see." でも構わないので，何か反応しないと失礼ですね。最初は，相手の目を見てにっこり笑うだけでも構いません。反応することが，『あなたの話していることをちゃんと聞いていますよ。』というサインだったり，ひいてはそれが友だちを大切に思っていることを示したりするのですよ。」と語り続けていくと，反応ができるようになります。

② 英語表現が自動化される

　Small Talk の始まりに必ず "Hello! My name is Miho. Nice to meet you." と言って握手することにしました。実際には，知っている友だちと話すのですから "Nice to meet you." を "How are you?" に変えてもよいのですが，この握手をして始めるという型を決めるとさっと会話に入ることができ，握手をすることで親密さが増す効果があります。日本人は初対面の人と握手をしたり，ハグをしたりする文化がないため，実際に外国の方と話す時に恥ずかしがってしまうことがあります。この自己紹介と握手で会話を始

016

めることを繰り返していくと，英語によるあいさつの型に慣れ，スムーズに会話を始めることができるようになります。また以前，中学校の授業では"What do you like sports?" など語順の誤りが多く見られるという話を聞いたことがありましたが，Small Talk の中で児童は「What＋名詞＋do you like?」の表現を十分に自動化された状態で用いているように思えます。この表現の名詞の部分を変えていけば，児童が知りたいことはほとんど質問することができるからです。

③ もっと話そうと質問文を考える

自己紹介と「What＋名詞＋do you like?」「I like ＋名詞.」"Me, too." のやり取りだけでは，１分ほどにもなりません。そのうちに "Why?" と理由を聞くようになります。次第に，"When?" "Where?" などの疑問詞も使うようになってきます。Small Talk を小学校で実施していた児童の中学に進学後のパフォーマンステストの様子を追跡調査してみると，中学生は場面に合わせて，疑問詞を使った文を即興的な会話の中で使用することができていました。これは，中学校の学習の中で文の構成を学び繰り返し使用する機会があったからだと考えられます。小学生は "What's this?" などの疑問文も，一つの単語のように，塊でとらえています。教師が "Where?" だけでなく，"Where do you play it?" という文の形で尋ねることで，それを児童がすぐに使ってみたり，また同じような場面で，自分で選択して使ったりという経験を繰り返す中で，質問文を考えるように変わっていきます。

④ 間が短くなる

Small Talk を始めたばかりの頃は，質問に対して，答えるまでの間が長く続きます。しかし，経験が児童を変えていきます。即興表現の経験を繰り返す中で，間がだんだん短くなり，自然に近い会話に変わってきます。

4 Small Talk で使える語彙・表現が広がる？

　Small Talk を小学校１年生から６年生の児童に継続的に行っていくとどのような変化が表れるかを調べてみました。１・２年生では，自己紹介とあいさつを中心に行い，前時に学習した表現を使用しました。３・４年生では，表現をある程度指定しました。５・６年生では，「目的・場面・状況」を示し既習表現の中から使える英語表現を自ら選択して会話をすることを大切にしました。例えば「【目的】クリスマスパーティの準備をしたい，【場面】休み時間，【状況】友だちの好きな食べ物を知りたい」と示しました。「目的・場面・状況」が明らかになると会話の内容を考えやすく，より自然に近い会話ができるようになると考えました。このような発達段階に合わせた Small Talk を１年間継続的に毎時間の授業の中で行い，２月に１年20人，２年24人，３年25人，４年26人，５年17人，６年27人に「初めて会う外国の方と楽しく会話しましょう！」という同じ話題で発話パフォーマンステストを行いました。その発話記録から語彙の種類分析した結果が下の表です。

Table1　各学年の発話パフォーマンスで見られた単語の種類とその数

	疑問詞	動詞	名詞（代名詞）	形容詞	副詞	前置詞	冠詞	その他	合計
第１学年	2	7	21	9	1	1	0	2	43
第２学年	2	7	49	10	1	2	0	4	75
第３学年	3	7	62	17	3	1	0	5	98
第４学年	5	9	70	19	5	2	0	3	113
第５学年	4	15	30	25	3	7	1	6	91
第６学年	5	17	77	22	4	7	1	6	139

このように，Small Talk を実施することによって，会話の中で使用できる語彙の種類を増やすことができるようです。特に高学年では使用できる疑問詞・動詞・形容詞が広がっていました。

Table 2 各学年の発話パフォーマンスで見られた英語表現のパターン

学年	1	2	3	4	5	6
My name is + 名前. (I am + 名前.)	20	22	25	26	17	24
This is + 名詞.	0	1	0	1	0	1
名詞 + is + 名詞.	0	1	7	12	17	18
名詞 + is + 形容詞.	0	0	10	21	87	16
I am + 名詞.	13	0	4	5	7	16
I like + 名詞.	8	46	49	56	5	33
I + 動詞 + 名詞.	0	0	0	2	1	0
名詞 + 動詞 + 名詞.	0	0	0	0	0	3
You can + 動詞 + 名詞.	0	0	0	0	0	1
I am not + 名詞.	0	0	0	0	2	1
I don't + 動詞 + 名詞.	0	0	0	0	0	1
Do you + 動詞 + 名詞？	0	0	2	1	10	6
May I + 動詞 + 名詞？	0	0	0	0	1	3
What's your name?	7	15	20	19	6	11
What's your favorite + 名詞？	0	0	0	0	0	4
What + 名詞 + do you like?	11	41	68	84	4	69
Where are you from?	0	0	0	0	4	16
Where do you + 動詞（+ 名詞)？	0	0	0	2	2	0
When is your birthday?	0	0	0	6	6	0
Which do you like, (A or B)？	0	0	0	0	0	1
How are you?	7	5	5	10	4	2
How about you?	0	0	0	0	1	0
Let's + 動詞 + (名詞).	0	1	1	0	4	0
Anything else?	0	0	0	5	0	0
Nice to meet you.	26	23	25	25	16	24
Yes, I do.	0	0	0	1	1	0
No, I don't.	0	1	3	1	0	0
Have a nice day.	0	0	0	0	1	0
英語表現のパターンの数	7	10	12	17	20	19

また，Table 2 に示したように各学年が会話の中で使用できる英語表現のパターンも広がっていきます。特に高学年になると，where，when，which などの疑問詞の使用が増えてきます。それらの表現を，即興的な発話パフォーマンスで使用できたのは，Small Talk を継続した成果と考えることができます。

⑤ Small Talk の指導で大切にしたいことは？

　Small Talk の指導で大切にしたいことは，結果を急ぎすぎないことです。児童が「英語で会話することが楽しい！」と感じるのは，「できた！　伝わった！」と実感することにあります。そこで，適度な抵抗があるように進めていきます。Small Talk は自ら考えて話す主体的な活動ですから，英語学習に対して意欲的であり，「Small Talk が楽しみだ。もっとやりたい。」という気持ちで取り組まないとうまくいきません。ですから，Small Talk の実践をする時は，児童の英語学習に対する情意面にも気を配る必要があります。

① Small Talk で大切にしていきたい情意面を育てるために

① 緊張しないで話せる人間関係がある学級経営をする。
② 児童が「やってみたい。」と興味・関心を高められる話題，「頑張ればできそうだ。」と適度な抵抗がある話題など，児童の実態を考慮して話題を設定する。
③ わからない単語があっても全体の内容を類推しながら聞き続けようとすることができるように，ALT の話やデジタル教材などの映像教材を活用して，まとまった英語の話を聞く活動を継続的に行う。
④ 英語学習を楽しいと感じるだけではなく，英語の必要感を強く感じる児童がより自然に近い会話をする力を伸ばしていく。英語使用の必要感を高めるように，校内外で外国の方と交流したり，Eメールを使用したりして，実際に英語を使う成功体験をさせていく。

② Small Talk の指導で大切にすること

① 児童が日本語でも日常的に雑談で話しているような身近な「話題」などを取り上げて児童が話してみたくなる「目的」や「場面」を設定する。

② Small Talk の導入初期には，ALT 及び HRT と児童とが会話する様子を他の児童に聞かせる時間を十分にとることで丁寧に英語表現をインプットし，会話のリズムを掴ませ，イメージを持たせる。

③ Small Talk の実践が積み重なってきた後は，児童同士の会話の時間を2分程度に設定して，会話を継続させるように目標を持たせる。

④ 言いたいけれど，言えない時には "Help!" と ALT を呼びその場で，表現を教えてもらい実際に使ってみるという方法を教えておく。

⑤ 1回目の Small Talk 後には，多くの児童のつまずいている表現や，次の会話で生かしていける英語表現を取り上げて話し合う。既習表現で表現できないか，クラスの児童みんなで考えるステップが大切。「自分の考えを言い換えたり，他の表現やジェスチャーを使ったりして，何かうまく伝えられないかな。」という思考回路ができるように働きかける。

⑥ Small Talk は高学年になり言語運用能力がある程度高まった時に行うのが効果的だが，できるようになるまで待つより，中学年の英語活動の中でも少しずつ取り入れて段階的に導入することも必要。

⑦ 自然な会話に近づけるために Filler（会話の間を埋める表現）や Response（反応）を段階的に使えるようにしていく。

⑧ 何とか自分の思いを伝えようと工夫する姿を認め，ほめ続けることで自信を持たせていくことが最も効果的である。

　児童は，私たちが想像するよりはるかに言語を習得する力が優れていると感じます。Small Talk がうまくできるだろうかと心配するよりも，まずは実践を始めてみましょう。きっと，その楽しさがわかるでしょう。Small Talk は教師と児童，児童同士の言葉と心のキャッチボールですから。

Chapter2　Q&A でわかる！Small Talk のつくり方・使い方

Q1　どのような形式で行えばいいでしょうか。

A　最初に「今日の話題について話しますね。」と言って，ALT と HRT で会話をします。ALT には「今日は節分について話すね。」ぐらいの打ち合わせで，即興でやってみます。"Do you know *Setsubun*?" "Yes!" "What did you do for *Setsubun*?" "I ate *Ehoumaki*." "Really? I didn't eat it." などで会話を始めます。私は，話しながら，「えっと，東北東を向いて，って何て言うんだっけ？」と ALT に尋ねながら話すこともあります。間違った表現を ALT に訂正してもらいながら話すこともあります。そんな即興的なやり取りをそのまま児童に見せます。英語の会話に不安がある方は，モデルスキットを ALT に考えてもらってカンニングペーパーを作っておいてもよいでしょう。2分ほどの会話をした後，「何について話していたかな？」と問いかけます。初めの頃は「長くてわからない。」と児童は口々に言っていますが，慣れてくると黙って集中して聞くようになり，「節分のことを話していた。」「恵方巻を食べたんだ。」と大筋の内容を掴めるようになってきます。

次に，何人かの児童に ALT か HRT が "What did you do for *Setsubun*?" と尋ねていきます。最初に尋ねられた児童は固まってしまうこともあります。"You threw beans?" などと問いかけて発話を引き出していきます。5年生では教師と児童の会話なのでこれを繰り返していきます。6年生では，「じゃあみんなで，○○さんに尋ねてみよう！」と全員で発話してみます。その後，A ペア（隣の人），Discussion Time（中間の交流），B ペア（前後の座席の人）と中間の交流の時間を挟んで，2回の会話をします。1分ほどの会話時間から始めて，2分ほどの会話ができるように目標を持たせます。タイマーで時間を制限します。まだ時間があると，次の質問が何かできないか考えるようになります。最後に振り返りをします。

022

Q2 どのようなスタンスで導入すればいいでしょうか。

A Small Talk を実施する時は，No freeze, No Japanese のイラストを黒板に貼ります。まずは，No freeze 固まらないことが絶対条件だと強く語りかけます。日本語で会話をする時も，相手が無表情のまま沈黙をしていると「怒っているのかな？」「何か気に障ることを言ったのかな？」と話し手は不安になりますね。会話中は，相手に好意を持っていることをまず笑顔で伝えればよいでしょう。相手の目を見て，うなずくだけでも，「わかっているよ。」という合図になります。児童が固まる場合は，3つ考えられます。相手の言っていることがわからない時，聞かれた内容について知らなかったり，わからなかったりする時，話す内容を考えている時です。

そこで，どうして固まっているのかを相手に伝える方法を教えます。聞き取れなかった時は "One more, please." "Slowly." "I don't understand." を提示すると児童は使いやすいものから身に付けていきます。次に，質問されたことはわかったけれど，答えがわからない時は "I don't know."。次の話題を考えていたり，伝えたいことはあるけれど表現の方法を考えていたりする時は，"Let me see." "Sorry." "Just a moment." を使うように教えます。"Let me see." が言いやすいようで，好んで使う子が多いです。一番困るのは，言いたいことはあるのだけれど，その英語表現がわからない時です。ここは，一番身に付けさせたいところです。まず，知っている単語をつないで話す。岐阜市の名物である鵜飼を説明する時，「Bird＋鵜がアユを掴む動作＋fish.」というように，知っている単語とジェスチャーで伝える子がいました。次に，できるだけ伝えたいことをシンプルに考えるようにさせていきます。また，"Help!" と自ら ALT や HRT を呼ぶ方法も伝えます。

Q3 自然な会話になるための段階的な指導法はありますか。

A 相手の話に自然な反応をするには，話の内容に対して心から驚いたり，感心したりする気持ちが大切です。「会話をする時は，まず相手に好意を持っていることを伝えましょう。」と話します。そして，自然な会話のための７つのステップを段階的に示していきます。

自然な会話への７つのステップ

ステップ１ Smile（笑顔で「聞いているよ」と相手に好意を伝える。）

ステップ２ うなずく，Aha. I see.（話を理解していることを伝える。）

ステップ３ くり返し，Oh, ...（繰り返すことで伝わっていることを伝える。）

ステップ４ Good! Great! Cool!（相手の話についてほめる。）

ステップ５ Me, too. Really?（賛成か反対か自分の意思を伝える。）

ステップ６ Why (What, When, Where, Which, How)?（さらに詳しく尋ねる。）

ステップ７ I think ....（相手の話について自分の意見を言う。）

一度にすべてを示すのではなく，「まずは，にこにこして相手の目を見ていれば，『この人は話を聞いてくれようとしている。』と思いが伝わります。」「今日は，"Aha." と答えて，『ヘー』という気持ちを伝えましょう。」と，ワンステップずつ数時間かけて導入していくと自然に身に付いて反応できるようになってきます。導入したステップは掲示して児童が思い出しやすくします。「昨日，お寿司食べに行ったんだ。」「ヘー。（うなずきながら）」と日本語で会話する様子を見せます。日本語で会話する時も必ず何か反応をします。反応は，まず気持ちを伝えるために必ず必要だと語り続けます。

Q4 Responseできる児童を育てるにはどうすればいいでしょうか。

A 会話にはリズムがあります。一人が話しかけて，相手が答える。その「やり取り」を繰り返すことで成立します。「好きな果物は何？」「…間…イチゴが好きです。」「…間…好きな動物は何？」「…間…ライオンが好きです。」と日本語でやってみます。児童から笑いがもれます。「質問をしておいてその答えを聞いて何も言わないのは，会話として変ですね。そして，突然別の話題に変わるのは，答えてくれた相手に失礼です。」と語りかけます。Responseは日本語での会話では，無意識にしています。日本語での会話の様子を再現して，自然なResponseについて語ります。

次に，Responseを場合分けして掲示します。一度にすべて書かれた掲示物を貼るのではなく，大きめの用紙を用意して，児童に紹介したものを一つずつ貼るようにします。

形容詞も少しずつ導入して，使える種類を増やしていきます。形容詞を使って多様な反応ができるようになってきます。

疑問詞も場面に合わせて使えるように掲示しておきます。

Responseには，気持ちが込もっていることが重要です。例えば"I can eat 5 hamburgers." "Really?" "You don't have homework today." "Really?"などと教師が次々と驚き発言をして，児童は驚きの気持ちを込めてResponseする活動を仕組むのも効果的です。

掲示例

教師が英語力に自信がない場合はどうすればいいでしょうか。

A 私も英語力には自信がありません。最初は，教師と児童の会話なんて無理だと考えていました。しかし，使用する英語表現は，実は児童に本時で使用してほしいと願っている既習の英語表現です。難しい表現を使う必要はありません。限られたパターンの英語表現で，何人もの児童と同じ表現を使って会話します。十分にインプットしていくことが大切なのです。

好きな TV 番組を尋ねる時 HRT が話す表現は次の5文だけで大丈夫です。

Do you like watching TV?
What kind of TV shows do you like?
Oh, you like variety shows.
What's your favorite TV show?
When do you usually watch TV?

児童に「これは何て言うの？」と質問された時に答えられないということはあります。児童は，「いつもその番組見てるけど，昨日は早く寝てしまったから，見れなかったって言いたい。」と長い文で答えたがります。そんな時は「一番伝えたいことは？」と尋ねます。「見れなかった。」"I didn't watch it yesterday." と自分の言える文を考えさせます。英語の単語がわからない時は，児童の前でパソコンやスマートフォンを使って調べてもよいでしょう。時間がとれない時は，「次回までに調べておくね。」と伝えます。

Q6 「言いたい」けど「わからない」児童には どう指導すればいいでしょうか。

A 　児童が「英語で会話することは楽しい」という体験を積んでもらうことを一番に願っています。「自分は，できない。」という思いを持たせることがないように配慮したいですね。黙って固まってしまうことがないように不安を抱える児童に個別に支援をすることも大切です。まず，「何を言いたいのか日本語でもいいから言ってごらん。」と児童の気持ちや考えを聞きます。

S ：神社に行っておみくじを引いたら，大吉だったと言いたい。
H ：言いたいことを短い文に分けて考えてみよう。まずどこに行ったの？
S ：神社に行った。I go to 神社.
H ：I went to shrine. 何が一番伝えたいの？
S ：大吉だった。
H ：いい運だったんだね。I got great fortune.

　自分の言いたいことを整理して，まず短い文で大切なことを伝えて，それに２文，３文と付け加えるようにさせていきます。「一番伝えたいことは何か。」「使える表現で伝えられないか。」と考える思考をつくります。児童に文を考えさせますが，会話の流れの中で必要な新しい表現は，さっと教える時もあります。児童の考えた表現が誤っていた時は，正しい表現に直してオウム返しで言わせてみます。一度聞いただけでは「えっ」となる児童も多いです。その時は何度も英文を聞かせ，「言ってごらん？」と促し，相手とその表現を使って会話させて，「使えた！」という経験をすることを大切にします。「単語とジェスチャーで伝えられないかな？」と促す時もあります。

Q7 パターン別：児童が困った時にはどう対応すればいいでしょうか。

A 困った時の対処の仕方をパターン分けしてSmall Talkの時に掲示します。対処するための表現は教師と児童の会話の中で導入しておきます。

パターンA 「聞きたいことを尋ねるための質問文がわからない」

　まず自分について話して，"And you?" や "How about you?" で尋ねる方法があります。例えば，年齢が聞きたいけれども，"How old are you?" を思いつかなかったら，"I'm 12, and you?" で伝えます。"I like sushi. How about you?" で相手の好きな食べ物が尋ねられます。身に付けると便利な表現です。様々な場面で相手に尋ねられる表現は，"How about you?"

パターンB 「尋ねられたことがわからない」

　質問が聞き取れなかった時は，"Sorry." "Pardon?" "More slowly." "Once more, please."

　質問の意味や答えがわからない時は，"I don't know."

パターンC 「話題が続かなくなった」

　話題を考えている時は，"Let me see." "Just a moment."
　話題を続けたい時は，"What else?"
　話題を変えたい時は，"By the way"

Q8 Discussion Time（中間評価）では何をするのでしょうか。

 次の3点に留意して Discussion Time（中間評価）を行います。

① よい例の共有

　今日の話題について，内容を膨らませて会話を続けていたペアを紹介します。他の児童が，必要な質問の文や，反応の仕方，答え方，さらに関連した質問文など，自分もこれを使ってみようと思える表現を紹介して広めます。

② 必要となる新表現の導入

　まず「会話をしていて困ったことはありませんか？」と尋ね，「高いは？」と児童が質問する 'high' と誰かが叫びます。「何が高いの？」「値段が高い。」「知っている表現で言い換えられないかな？」他の児童が，口々に思いついた表現を話す雰囲気で進めます。「みんなが考えてくれた many money も良いけれど ALT に聞いてみましょう。」ここで，ALT が 'expensive' を教えます。すべての質問にこのように時間をかけて考えることはできません。特殊な単語ではなく，みんながその話題で使いたい汎用性の高いものを選んで取り上げ，その他は個別で対応することを告げます。

③ 児童が既習表現で何とか表現しようとする思考回路をつくる

S：岐阜の鵜飼を説明したい。　　H：鵜飼が有名だってことかな？
S：Gifu is famous for *Ukai*.　　H：鵜が何するの？
S：鵜が鮎を捕まえる。"U catch a ayu."
H：鵜って何かわかるかな？　　S：Birds catch fishes.

　このように，既習表現で何とかその場を乗り切る思考を育む場にしていきます。

意欲的に Small Talk に取り組む話題・場面設定はありますか。

A　Small Talk は「世間話，おしゃべり」ですから，児童の日常生活において「話してみたい！」「相手の考えを聞いてみたい！」と感じる話題を取り上げることが一番重要です。日頃から，休み時間中の児童のおしゃべりに耳を傾けていると，ヒントが見つかります。Small Talk は，普段児童が話していることを英語で話してみる活動だからです。コミュニケーションを行う「目的・場面・状況」をはっきりさせると，児童はイメージを広げやすくなります。4月の最初の授業では，児童は「新しいクラスメイトと仲良くできるだろうか？」という不安を抱えているので，話題を以下のように設定しました。

【目的】友だちと休み時間に遊ぶ約束をしよう！
【場面】4月の休み時間の始まりの時
【状況】新しい友だちと一緒に遊びたい

　単元で学習する英語表現との関連を考えて，話題を設定することもありますが，前時に学習した表現や内容をもう一度話すことだけを目的とした，単なる復習の場とならないようにしたいです。この単元で習う表現を使ってみる場として Small Talk を実施するより，「興味のある話題について，どんな表現を使ってもよいから話してみる」という自由度が高い Small Talk を続けるほど，児童は意欲的に取り組むようになります。うまく話せなくても，何とか伝えようとする姿をほめ続けましょう。

Q10 意欲的に Small Talk を継続させるにはどうすればいいでしょうか。

A 意欲的に Small Talk を継続させるポイントは，教師や友だちから「いいね。」と認められることと，「できるようになった。」と成長を自覚できることにあります。教師の評価は，中間評価や教師と児童の会話の時，Small Talk 終了時に行います。また，Small Talk 活動中の机間巡視で「いいねシール」を手渡すこともあります。友だちからの評価は，Small Talk 終了後に日本語で一言感想を言い合う，評価カードを作って，ペアに◎○△程度の評価を書いてもらうなどがあります。しかし，時間をかけすぎないことが大切です。

　児童が成長を自覚できるように，Small Talk を始めたばかりの5月と11月，3月に ALT と児童が1対1で会話するパフォーマンステストを行ったことも有効でした。パフォーマンステストの話題は自由度を高くし，3回とも同じ以下の設定にしました。

【目的】初めて会う外国の方と楽しくおしゃべりをしよう！

【場面】あなたの家のリビングに2人きりの時

【状況】初めて日本を訪れた旅行者のようです。くつろいでもらえるようにしましょう！

　パフォーマンステストの結果は，回を重ねるごとに会話時間，発話語数，質問文の種類が増え，話と話の間が短くなり，より自然に近い会話になっていきました。児童もパフォーマンステストを終えると，「前より話せるようになっていてうれしい。もっと話したい。」と反省を書いていました。自分の変化を自覚することが意欲となります。

Chapter3　365日の授業で使える！Small Talk 月別メニュー88

①
4月
友だちと休み時間に 遊ぶ約束をしよう！

【目的】友だちの好きな遊びを聞いて一緒に遊ぶ約束をしよう！

【場面】4月の休み時間

【状況】クラス替えをして新しい友だちを作りたい

初めて導入する時なので，始めのあいさつの仕方を丁寧に指導します。

クラス替えをした時の児童の一番の関心は，「友だちができるかな？」です。

児童の意識を大切にした話題で楽しく会話できます。

---

① 導入する（2分）

H：今日から，新しい仲間と学習を始めます。まず英語で自己紹介をしましょう。今，みんなは休み時間に「誰と何をして遊ぼうかな？」と心配なのではないかな？　英語で友だちを遊びに誘ってみましょう。何を話しているか考えながら，先生と ALT の会話を聞きましょう！

H：Hello!	**H**：こんにちは！
A：Hello!	**A**：こんにちは！
H：My name is Miho.	**H**：私の名前は美穂です。
A：My name is Josh.	**A**：私の名前はジョシです。
H：Nice to meet you.（握手）	**H**：初めまして。
A：Nice to meet you, too.（握手）	**A**：初めまして。
H：What play do you like?	**H**：どんな遊びが好き？
A：I like dodgeball.	**A**：ドッジボールが好きだな。
H：Oh, me too.	**H**：私も好き。
A：Let's play.	**A**：一緒に遊ぼうよ。
H：O.K.	**H**：いいね。

032

② 教師と児童が会話をする（5分）

　初めての Small Talk の時間なので教師と児童が会話をする時間を十分にとって10人ほどの児童と❶に示した会話をします。十分に今日使う表現を聞かせてインプットします。"Sorry. I don't like it." も必要に応じて教えます。

③ 1回目の Small Talk をする（1分）

　隣の人と会話をしてみましょう。まず自分の名前を言って，その後に必ず握手をしてから会話を始めましょう。

④ Discussion Time をする（2分）

S1： 大縄跳びはどう言えばいいのかわからなかった。
S2： Big jump rope
S3： Long jump rope
H ： どちらのほうがイメージが伝わるかな？
S1： Long jump rope
S4： 鬼ごっこはどう言うの？
A ： tag
H ： 遊びの名前は日本語でいいよ。
H ： 言えなかった表現はあるかな？
S5： 最後に誘うところ
A ： Let's go!　Let's play!

ここがポイント！

"Let's go!" "Let's play!" "O.K." は必ず入れるようにしましょう。思わず笑顔がこぼれます。遊びの名前は日本語でよいことにしましょう。話しやすくなります。

⑤ 2回目の Small Talk をする（1分）

4月
② 家に帰ったら何をするの？

【目的】家に帰ったら何をしているか聞いて友だちと仲良くなろう！
【場面】4月の学校の帰り道
【状況】友だちと共通の話題を見つけて，仲良くなりたい

　　4月の児童は「家に帰って一緒に遊ぶ友だちを見つけたい。」と考えています。
児童の関心を大切にした話題で，「もっと話したい。」「英語で話すのは楽しい。」
という意欲を高めましょう。

---

① 導入する（2分）

H：新しい仲間のことをよく知りたいね。今日は自己紹介と家に帰ってから
　　何をして遊ぶか話してみましょう。

H：Hello!	H：こんにちは！
A：Hello!	A：こんにちは！
H：My name is Miho.	H：私の名前は美穂です。
A：My name is Josh.	A：私の名前はジョシです。
H：Nice to meet you.（握手）	H：初めまして。
A：Nice to meet you, too.（握手）	A：初めまして。
H：What do you do in your home?	H：家に帰ったら何をするの？
A：I play video games.	A：ゲームをするよ。
H：Oh, me too.　What game do you like?	H：私も好き。　どんなゲームが好きなの？
A：I like 'Splatoon'.	A：「スプラトゥーン」が好き。
H：Me, too.	H：私も好き。
A：Let's play together.	A：一緒に遊ぼうよ。
H：O.K.	H：いいね。

034

② 教師と児童が会話をする（5分）

　Small Talkの「ステップ１　Smile（笑顔で）」が相手に，好感を持っていることを伝えるために大切なことだと話します。始めたばかりの時間なので教師と児童が会話をする時間を十分にとって10人ほどの児童と❶に示した会話をします。十分に今日使う表現を聞かせてインプットします。

③ １回目のSmall Talkをする（１分）

H：隣の人と会話をしてみましょう。
　　まず自分の名前を言って，その後に必ず握手をしてから会話を始めましょう。

④ Discussion Timeをする（２分）

S1：どうぶつの森は？
H：ゲームの名前は日本語でもいいね。
S2：最初はどうやって始めるの？
H：右側の人から話しかけてね。
　　自己紹介と握手をしてから始めよう。
S3：その後言えなかった。
A：What do you do in your home?
H：今日は家に帰ってからのことを話すことをお互いわかっているから，"What do you do?" だけでもいいから，まず話してみよう。

ここがポイント！

「誰と誰がペアか」「右側の人から話しかける」「１分間話す」などのルールを決めておくとスムーズに始められます。うまくできない理由を自由に話させます。

⑤ ２回目のSmall Talkをする（１分）

4月 ③ 好きな食べ物は何？

【目的】友だちの好きな食べ物を知ろう！

【場面】休み時間の雑談

【状況】友だちのことをもっとよく知って，仲良く話したい

児童は食べ物の話題が大好きです。これまでに学習した「What＋名詞＋do you like?」を使います。話しやすい話題で会話することに慣れましょう。ここでは，「ステップ２　理解していることを伝える」を導入しましょう。

① 導入する（2分）

H：何を話しているか考えながら，先生と ALT の会話を聞きましょう！

（Hello!　自己紹介　握手で始める）

H：What food do you like?	**A**：どんな食べ物が好きなの？
A：I like BBQ.	**A**：バーベキューが好きだな。
H：Oh, BBQ. 　　What kind of BBQ do you like?	**H**：バーベキューね。 　　どんなバーベキューが好きなの？
A：I like meat.	**A**：肉が好きだな。
H：Aha. 　　What kind of meat do you like?	**H**：へぇー。 　　どんな肉が好き？
A：I like chicken.	**A**：鶏肉が好きだな。
H：I see. 　　I like beef better.	**H**：そうなんだ。 　　私は，牛肉のほうがいいな。
A：What food do you like?	**A**：どんな食べ物が好きなの？
H：I like sushi.	**H**：寿司が好き。
A：Aha. 　　What kind of sushi do you like?	**A**：へぇー。 　　どんな寿司が好き？
H：I like salmon.	**H**：サーモンが好き。
A：I see. I like tuna.	**A**：そうなんだ。私はマグロが好き。

036

② 教師と児童が会話をする（5分）

　Small　Talk を始めたばかりなので，教師と児童の会話に十分時間をとります。10人の児童に❶の会話で話しかけます。「What ＋名詞＋ do　you like?」の表現を十分にインプットします。この時，教師は必ず相手の話した内容のキーワードを繰り返すようにします。児童が "Sushi." と単語だけで答えた時は，"I　see." "You　like　sushi." と返すようにします。「What kind of ＋名詞＋ do you like?」でさらに詳しく聞きます。この表現は児童からの質問に応じながら意味を掴ませていきます。まず，この表現を聞かせることを大切にします。使えなくて構いません。

③ 1回目の Small Talk をする（1分）

　Small　Talk の「ステップ2　理解していることを伝える」を大切にします。"Aha." "I　see." で「わかったよ。」と相手に伝えることで，相手を大切に思っていることが伝わります。

　理解していることを伝えることを今日の Small Talk のめあてにします。

（Hello!　自己紹介　握手で始める）

H：What food do you like?

A：I like hamburgers.

H：I see. You like hamburgers.

A：What food do you like?

H：I like pizza.

A：Aha. Me, too.

> **ここがポイント！**
>
> 　「ステップ2　理解していることを伝える」を導入します。まず，相手の話をよく聞こうとする姿を育てます。"Aha." "I see." を入れることで会話にリズムが生まれます。

④ Discussion Time をする（2分）

⑤ 2回目の Small Talk をする（1分）

037

4月

④ 好きなおやつは何？

【目的】友だちの好きなおやつを知ろう！

【場面】休み時間の雑談

【状況】友だちのことをもっとよく知って，仲良く話したい

　　食べ物の話題を続けて，児童が Small Talk に慣れるようにします。繰り返すうちに，「What＋名詞＋do you like?」の名詞の部分を入れ替えていけば，聞きたい情報が得られることに気づいていきます。形容詞を少しずつ導入していきましょう。ここでは「ステップ3　くり返し」を導入しましょう。

① 導入する（2分）

H：何を話しているか考えながら，先生と ALT の会話を聞きましょう！

（Hello!　自己紹介　握手で始める）

H：What snack do you like?	**H**：どんなおやつが好きなの？
A：I like chocolate.	**A**：チョコレートが好きだなー。
H：Oh, chocolate. 　　Why do you like it?	**H**：チョコレートね。 　　なぜそれが好きなの？
A：Because it's sweet.	**A**：甘いからね。
H：Oh, sweet.	**H**：甘いね。
A：What snack do you like?	**A**：あなたはどんなおやつが好き？
H：I like potato chips.	**H**：ポテトチップスが好き。
A：Why do you like it?	**A**：なぜ好きなの？
H：Because it's crispy.	**H**：サクサクしているから。
A：Oh, crispy.	**A**：サクサクだね。

H：今日の会話で反応がいつもと違っていたことに気づいたかな？

S1："Oh," って言ってから繰り返していた。

038

H ：そうだね。繰り返すと，あなたの言ったことがわかったよと相手に伝わ
　　るね。今日は繰り返すことを意識して会話しよう。何を話していたかな？

S1：チョコレートが好き。　　S2：ポテトチップスが好き。

S3：sweetって言ってた。　　S4：甘いだ。

S5：最後のクリなんとかってわからなかった。

H ：'crispy' ポテトチップスのこんな感じ（動作で示す）

S6：サクサク？

H ：「バリバリした触感は，'crunchy'」
　　お菓子の様子を表すのに他にどん
　　な表現が知りたいかな。
　　「甘いは，'sweet'」
　　「ふわふわした感じは，'fluffy'」
　　「モチモチは，'chewy'」
　　「やわらかいは，'soft'」
　　「クッキーでしっとりは，'moist'」
　　「ネバネバは，'sticky'」

ここがポイント！

　児童から質問が出た形容詞を教え
ます。ALT がいる時は ALT に答えて
もらい，HRT 1 人で，質問された
英語表現がわからない時は電子辞書
やパソコン，スマートフォンなどを
用意して児童の前で，調べながら答
えます。

(2) 教師と児童が会話をする（5分）

　10人の児童に "What snack do you like?" と尋ねます。児童の答えを必
ず繰り返して「くり返し」を意図的に意識させます。

(3) 1回目の Small Talk をする（1分）

(4) Discussion Time をする（2分）

H ：理由も尋ねられましたか？
　　尋ねた人は手を挙げてみましょう。

(5) 2回目の Small Talk をする（1分）

039

4月

⑤ 果物狩りに行こう！

【目的】友だちと果物狩りに行く計画を立てよう！

【場面】放課後の雑談

【状況】子供会で果物狩りに行くことになった

　　果物の名前は，'strawberry' や 'grapes' のように日常でも英語で耳にすることが多く，取り組みやすい話題となります。しかし，設定を工夫しないと，「何のために聞くのか？」という必然性がなく，話題の魅力は低くなります。そこで，「子供会の遠足で『果物狩り』に行くとしたらどんな果物がよいか？」と具体的なイメージを与えて好みを尋ね合うことにします。

① 導入する（2分）

（Hello!　自己紹介　握手で始める）

H：We are going to go fruit picking.	H：果物狩りに行く予定なんだ。
A：Fruit picking. Oh, sounds fun.	A：果物狩り。わー面白そうだね。
What fruit do you like?	どんな果物が好きなの？
H：I like strawberries.	H：イチゴが好きだな。
A：Oh, strawberries.	A：ああ，イチゴね
Why do you like it?	なぜ好きなの？
H：Because they are sweet.	H：甘いから。
What fruit do you like?	あなたはどんな果物が好き？
A：I like lemons.	A：レモンが好きだな。
H：Lemons, really?	H：レモン，本当に？
Why do you like them?	なぜレモンが好きなの？
A：Because they are sour.	A：酸っぱいから。
H：Sorry. I don't go lemons picking.	H：ごめん。レモン狩りはいかない。

H：何を話していたかな？（児童のつぶやきを取り上げながら概要を掴む）

040

② 教師と児童が会話をする（5分）

H：子供会で果物狩りをする遠足に行くことになりました。高学年で相談をして場所を決めるように言われました。そんな時どんな会話をしますか？
10人の児童と次のように会話します。

A：What fruit do you like?
S1：I like watermelon.
A：Oh, watermelon.
　　Why do you like it?
S：みずみずしい。
A：Because they are juicy.
　　O.K. Let's go!

ここがポイント！
前回のおやつの話題で使った形容詞を使わせることや，新しい形容詞を導入することをねらいます。"Why?" だけでもよいことにして必ず理由を聞くようにします。

③ 1回目の Small Talk をする（1分）

H：隣の人と会話をしてみましょう。
　　必ず，好きな理由を聞きましょう。

④ Discussion Time をする（2分）

H：言えなかったことはありますか？
S1：甘酸っぱいが言えなかった。
S2：sweet と sour
S3：sweet and sour でいいんじゃないかな。

⑤ 2回目の Small Talk をする（1分）

4月

6 朝食は何が好き？

【目的】友だちと朝ごはんの好みについて話そう！
【場面】休み時間の雑談
【状況】友だちのことをもっとよく知りたい

今日の朝食を尋ねると，過去形を使わなくてはいけません。そこで，Small Talk 導入の初期段階では，まず一般的な好みを現在形で尋ね合う活動にするとよいでしょう。

① 導入する（2分）

H：何を話しているか考えながら，先生と ALT の会話を聞きましょう！

（Hello!　自己紹介　握手で始める）

H : Did you have breakfast?	**A** : 朝食は食べた？
A : Yes, I did.	**A** : ええ，食べたわ。
H : What kind of breakfast do you like?	**H** : どんな朝食が好きなの？
A : I like Japanese food.	**A** : 和食が好きだな。
H : Really? What Japanese food do you like?	**H** : 本当？　どんな和食が好きなの？
A : I like rice and natto and miso soup.	**A** : ごはんと納豆とみそ汁が好きだな。
H : Really? What a surprise! I don't like natto.	**H** : 本当？　驚いたな！私は納豆が嫌いだけど。
A : What breakfast do you like?	**A** : あなたは，どんな朝食が好き？
H : I like bread.	**H** : パンが好きだな。
A : Oh, bread. Anything else?	**A** : パンね。他には？
H : I like juice and boiled eggs.	**H** : ジュースとゆで卵。
A : Oh, boiled eggs. I like sunny-side-up eggs.	**A** : ゆで卵ね。私は，目玉焼きが好きだけど。

042

(2) 教師と児童が会話をする（3分）

H ：何を話していたかな？（児童のつぶやきを取り上げながら概要を掴む）
　　5人の児童と会話します。
H ：What breakfast do you like?
S1：I like コーンフレーク.
H ：You like cereal.
S1：Cereal?
H ：商品名だから，cereal と言うんだよ。
S1：I like cereal.
H ：Cereal. So so.
H ：What breakfast do you like?
S2：I like *onigiri*.
H ：Oh, rice balls. Me, too.
S2：I like rice balls.
H ：「私も好きな時は，"Me, too."」
　　「まあまあかな。という時は，"So so."」
　　「えー好きじゃない。という時は，"Really?" か "I don't like it."」と反応していたね。

ここがポイント！

反応しやすい話題なので，まず "Me, too." "So so." "Really?" の3つの反応のパターンを示して，児童同士の会話に入るとよいでしょう。

(3) 1回目の Small Talk をする（1分）

H ：隣の人と会話をしてみましょう。まず自分の名前を言って，必ず握手をして始めましょう。「くり返し」と「反応」をして楽しく会話をしましょう。

(4) Discussion Time をする（3分）

(5) 2回目の Small Talk をする（1分）

4月

⑦ 好きな給食のメニューは何？

【目的】好きな給食のメニューについて話そう！

【場面】給食が近づいた時間の雑談

【状況】お腹がすいて給食が待ちどおしい時

　　　児童が最も興味のある給食の話題です。誰もがそのメニューを食べた経験があるので，給食のメニューは児童の共通の話題として最適です。4時間目の授業で行うと盛り上がります。

① 導入する（2分）

H：今日は給食のメニューについて話します。先生とALTはどんな給食が好きなのか考えながら会話を聞きましょう！

（Hello!　自己紹介　握手で始める）

H：Do you know today's school lunch?	**H**：今日の給食は何か知っている？
A：No, I don't. 　　　What's today's school lunch?	**A**：知らないな。 　　　今日の給食は何？
H：Today's school lunch is curry and rice.	**H**：今日の給食は，カレーライスだよ。
A：Wow! It's nice. I like it.	**A**：おお！　いいね。好きだな。
H：What school lunch do you like?	**H**：どんな給食が好きなの？
A：I like spaghetti.	**A**：スパゲッティーが好きだな。
H：It's good.	**H**：いいね。
A：What school lunch do you like?	**A**：あなたはどんな給食が好きなの？
H：I like stew.	**H**：シチューが好きだな。
A：Oh, stew. It's delicious.	**A**：シチューね。おいしいね。
H：I like renkon chips, too.	**H**：レンコンチップスも好きだな。

H：何を話していたかな？（児童のつぶやきを取り上げながら概要を掴む）

❷ 教師と児童が会話をする（5分）

5人ほどの児童に"What school lunch do you like?"を使って質問します。1人の児童の答えに，クラスみんなで口々に反応しても楽しいです。

A ： What school lunch do you like?
S1 ： I like … 焼きそばは何て言うのかな？
H ： 日本の料理の名前はそのままでいいよ。
All S ： Me, too.
H ： Me, too.　Raise your hand.
　　　 Wow!　Many students.
H ： Everyone ask to S2.
All S ： What school lunch do you like?
S2 ： I like lever.
All S ： Really?　Me, too.

ここがポイント！

英語で表現できるものは英語で話しますが，料理の名前は，日本語のままで構わないでしょう。クラス全員が"Me, too." "So so." "Really?"を使って反応するようにします。

❸ 1回目の Small Talk をする（1分）

H ： 隣の人と会話をしてみましょう。まず自分の名前を言って，その後に必ず握手をしてから会話を始めましょう。

❹ Discussion Time をする（2分）

H ： 言えなかったことはあるかな？　S3さんとS4さんのペアに話してもらいます。どこがよかったかな？
S3 ： 繰り返しをしていた。　S4 ： "Why?"を使って理由も聞いていた。
H ： 理由を聞く表現や"It's nice."を使って反応してもいいね。

❺ 2回目の Small Talk をする（1分）

4月 8 好きな食べ物をどこで買う？どのお店に行く？

【目的】よく買いに行ったり，食べに行ったりする店について話そう！

【場面】学校帰りの雑談

【状況】友だちと楽しく会話したい

　　話しかけられた時，固まってしまう児童も多いです。何を聞かれているかわからない場合と，答え方に自信がない場合があります。そんな時には，ALT がヒントを出しながら発話を促していきます。単語のみで答えた場合は正しい文でもう一度確かめるように語りかけます。

① 導入する（2分）

H：何を話しているか考えながら，先生と ALT の会話を聞きましょう！

（Hello!　自己紹介　握手で始める）

H：Do you like pizza?	H：ピザは好き？
A：Yes, I do.	A：好きだよ。
H：What kind of pizza do you like?	H：どんなピザが好きなの？
A：I like tropical pizza.	A：トロピカルピザが好きだな。
H：Really?	H：本当？
What kind of topping do you like?	どんなトッピングが好きなの？
A：I like corn and pineapple.	A：コーンとパイナップル。
H：Pineapple. I see.	H：パイナップル。そうなんだ。
What shop do you go to?	どこの店に行くの？
A：Let me see. I go to Domino's Pizza.	A：うーん。ドミノピザに行く。
H：Domino's Pizza.	H：ドミノピザね。
Where is the shop?	そのお店はどこにあるの？
A：It's near the station.	A：駅の近くにある。
H：I see.	H：わかった。

046

② 教師と児童が会話をする（5分）

H：相手の話がわかった時どんな表現をしていたかな？
S：「繰り返し」"I see."

　5人ほどの児童に ALT が話しかけます。質問の意味がわからない時は "Pardon?" "One more please.", 考えている時は "Let me see." と発話を促します。答え方がわからない様子で固まっている時は使う答え方のサンプルをいくつか示して, 発話を促します。

A　：Do you like sushi?
S1：….
A　：Yes or no?
S1：Yes.
A　：What kind of sushi do you like?
S1：….
A　：Let me see.
S1：Let me see.
A　：Salmon? Tuna?
S1：マグロ
A　：It's tuna.
H　：みんなでお店を聞いてみようか？
All S：What shop do you go to?
S1：Sushiro.

ここがポイント！

　日本語で会話をする例を見せて,「会話の途中で固まってしまうと, 相手はとても困ってしまいますね。」と話します。その後 "Let me see." など, なぜ黙っているか伝える方法をいくつか示します。

③ 1回目の Small Talk をする（1分）

④ Discussion Time をする（2分）

⑤ 2回目の Small Talk をする（1分）

5月

9 ゴールデンウィークで
楽しかったことは？

【目的】ゴールデンウィークの思い出を話そう！

【場面】登校後の自由時間の雑談

【状況】友だちにゴールデンウィークの楽しい思い出を聞いてほしい

　　思い出を話す時は過去形になります。今後，様々な場面で思い出を語り合う
Small Talk を行っていくので，今回は「過去のことを話す時いつもと違う言い
方をするんだな。」とぼんやりと気づくことをねらいます。

---

① 導入する（2分）

H：何を話しているか考えながら，先生と ALT の会話を聞きましょう！

（Hello!　自己紹介　握手で始める）

H：We had long vacation.	H：長いお休みだったね。
A：Yes. I enjoyed my vacation.	A：そうですね。楽しかった。
H：What's your favorite memory?	H：一番の思い出は何ですか？
A：My favorite memory was going to Osaka.	H：一番の思い出は大阪に行ったことかな。
H：What did you do?	H：大阪で何をしたの？
A：I went to USJ.	A：USJ に行ったよ。
H：USJ! It's nice. What did you eat?	H：USJ！　いいね。何か食べた？
A：I ate *takoyaki*.	A：たこ焼きを食べたよ。
H：That sounds good!	H：それはよかったね！
A：What's your favorite memory?	A：あなたの一番の思い出は？
H：I went shopping.	H：買い物に行ったこと。
A：What did you get?	A：何を買ったの？
H：I got a new T-shirt.	H：新しい T シャツ。
A：Great! I'm jealous.	A：いいね！　うらやましいな。

H：何を話していたかな？（児童のつぶやきを取り上げながら概要を掴む）

048

② 教師と児童が会話をする（5分）

初めて過去形を使うので，教師と児童が会話をする時間を十分にとって10人ほどの児童と❶に示した会話をします。十分に今日使う表現を聞かせてインプットします。

- A ：What did you do?
- S1：野球の試合
- A ：Oh, you played baseball.
- S1：I play baseball.
- A ：I played baseball.
- S1：I played baseball.
- A ：Did you win?
- S1：Yes.
- A ：What did you do?
- S2：Grandmother's house
- A ：You went to grandmother's house.
- S2：I went to grandmother's house.

ここがポイント！

児童が答えた表現を ALT が過去形に直して，確認するような形でもう一度語りかけます。過去形は音が変わることに気づき後から真似をする程度で構いません。時間によって児童同士の会話は１回にしてもよいでしょう。

③ 1回目の Small Talk をする（1分）

H ：隣の人と会話をしてみましょう。
まず自分の名前を言って，その後に必ず握手をしてから会話を始めましょう。

④ Discussion Time をする（2分）

⑤ 2回目の Small Talk をする（1分）

5月 10 友だちの好きなゲーム・漫画・本を知ろう！

【目的】友だちの好きなゲーム・漫画・本を知って仲良くなろう！

【場面】登校後の自由時間の雑談

【状況】友だちと楽しく話したい

児童が最も興味を持って話せる話題で盛り上がります。気持ちの込もった反応を身に付けさせるよい機会です。反応の仕方を導入しましょう！

① 導入する（2分）

（Hello!　自己紹介　握手で始める）

H : Do you like video games?		H : テレビゲームは好き？
A : Yes, I do.		A : 好きだよ。
H : What's your favorite video game?		H : 一番好きなゲームは何ですか？
A : My favorite game is Smash brothers X.		A : 一番好きなゲームはスマッシュブラザーズ X だよ。
H : Oh, good.　Why do you like it?		H : そうなんだ。なぜ好きなの？
A : Because it's fun. And I can play with friends.		A : 面白いからね。それに友だちと一緒にできるんだ。
H : Wow!　It's nice.		H : わー。いいね。
A : How about you?		A : あなたはどう？
H : I don't play video games.		H : 私は，ゲームはやらないな。
A : What do you do in your free time?		A : あなたは暇な時何をしているの？
H : I read books.		H : 読書かな。
A : What's your favorite book?		A : 一番好きな本は何？
H : I like 吾輩は猫である.		H : 『吾輩は猫である』だよ。
A : I don't know it. I want to read it.		A : 知らないな。読んでみたいな。

H : 何を話していたかな？（児童のつぶやきを取り上げながら概要を掴む）

050

② 教師と児童が会話をする（3分）

H：相手の話にどんな反応をしていたかな？

S：Wow! It's nice.

　5人の児童に ALT が "What's your favorite video game?" と話しかけます。

　今日使ってほしい「My favorite is ＋名詞.」は初めて使う表現なので，何回も聞かせます。1人の児童の話を，全員が口々に反応しながら聞くようにすると楽しいです。この時，ALT は "It's nice." "Cool." "Sounds good." "Awesome." "Wonderful!" などいろいろな表現を使って反応します。

③ 1回目の Small Talk をする（1分）

S1：Do you like video games?

S2：Yes, I do.

S1：What's your favorite video game?

S2：My favorite is Splatoon.

S1：Wow! Sounds good.
　　　Why?

S2：It's fun.

（尋ねる人と答える人が交代する）

> **ここがポイント！**
>
> 　漫画や本など話題を広げると話しやすいです。「What＋名詞＋do you like?」ばかりでなく「What's your favorite＋名詞？」を使うことに慣れさせることもねらいます。

④ Discussion Time をする（3分）

⑤ 2回目の Small Talk をする（1分）

051

5月 ⑪ 友だちの好きな キャラクターを知ろう！

【目的】友だちと好きなキャラクターについて話して仲良くなろう！

【場面】休み時間の雑談

【状況】友だちと楽しく話したい

児童がよく友だちの文房具を見ながらしている会話なので話しやすいです。
児童同士の会話の時間を少し長くしていきます。

① 導入する（2分）

H：何を話しているか考えながら，先生とALTの会話を聞きましょう！

（Hello！ 自己紹介 握手で始める）

A：Show me your pencil case. It's cute. What's this?	A：筆箱を見せて？ かわいいね。これは何？
H：It's Jiji in 魔女の宅急便. What's your favorite character?	H：魔女の宅急便の中のジジだよ。 一番好きなキャラクターは何？
A：My favorite character is Doraemon.	A：ドラえもんが一番好きだな。
H：Doraemon? Why do you like it?	H：ドラえもん？どうして好きなの？
A：Because he can pull all sorts of secret tools out of the 4-D Pocket.	A：4次元ポケットからいろいろな秘密の道具を出すことができるから。
H：It's fun. I like Doraemon, too. Do you have Doraemon's goods?	A：面白いね。私もドラえもん好き。ドラえもんの物持ってる？
A：No, I don't. But I like Doraemon's animation.	A：持ってないな。ドラえもんのアニメが好きなんだ。
H：I see.	H：そうなんだ。

H：何を話していたかな？（児童のつぶやきを取り上げながら概要を掴む）

❷ 教師と児童が会話をする（2分）

3人の児童にALTが話しかけて，今日使ってほしい "What's your favorite character?" を聞かせます。児童の答えを繰り返してキャラクター名を確認します。この時，驚いた言い方で繰り返す反応の仕方を紹介します。

❸ 1回目のSmall Talkをする（1分30秒）

- S1 ： What's your favorite character?
- S2 ： I like Luffy.
- S1 ： Luffy. Cool!
    Why do you like it?
- S2 ： Because he is smart.
- S1 ： I see.
- S2 ： What's your favorite character?
- S1 ： I like Naruto.
- S2 ： Wow! Naruto?
    Why do you like it?
- S1 ： He is strong.

ここがポイント！

必ず，相手の言ったキャラクター名を繰り返すことを約束とします。自分がそのキャラクターが好きか嫌いかによって繰り返しの抑揚を変えて気持ちを表すようにします。

❹ Discussion Timeをする（3分）

児童は好きな理由を答えるための形容詞が必要になります。人物の様子を表す形容詞を児童の質問に答える形で導入していきます。
「cool, beautiful, cute, pretty, smart, kind, gentle, funny, strong, intelligent」

❺ 2回目のSmall Talkをする（1分30秒）

友だちの好きなTV番組を知ろう！

5月
12

【目的】友だちと好きなTV番組について話して仲良くなろう！

【場面】休み時間の雑談

【状況】友だちと楽しく話したい

TV番組は児童の日常の会話でよく話されている話題なので，楽しく話せます。「What's your favorite＋名詞？」の表現にも慣れていきます。

---

① 導入する（2分）

H：何を話しているか考えながら，先生とALTの会話を聞きましょう！

（Hello! 自己紹介 握手で始める）

H：Do you watch TV?	H：テレビを観ますか？
A：Yes, I do.	A：観るよ。
H：What kind of TV shows do you like?	H：どんなTV番組が好きなの？
A：I like variety shows.	A：バラエティー番組が好きだな。
H：It's good. What's your favorite TV show?	H：いいね。 どの番組が一番好きなの？
A：My favorite TV show is イッテ Q.	A：一番好きなのはイッテ Q かな。
H：イッテ Q. Why do you like it?	H：イッテ Q。なぜ好きなの？
A：Because it's very interesting.	A：とても面白いから。
H：I think it's fun. Who is your favorite member?	H：楽しいよね。 一番好きなメンバーは誰ですか？
A：I like Imoto.	A：イモトが好きだな。
H：Oh, Imoto. I like お祭り男.	H：おお，イモトね。お祭り男が好き。
A：I see.	A：なるほど。

H：何を話していたかな？（児童のつぶやきを取り上げながら概要を掴む）

054

② 教師と児童が会話をする（3分）

　5人の児童に ALT が話しかけます。「What's your favorite ＋名詞？」はかなり使えるようになってきているので，"Why?" "Who?" などの疑問詞を使ってさらに内容を詳しく尋ねるようにします。

③ 1回目の Small Talk をする（1分30秒）

　　（Hello!　自己紹介　握手で始める）
- **S1**：What's your favorite TV show?
- **S2**：I like ちびまる子ちゃん.
- **S1**：ちびまる子ちゃん. Good! Why do you like it?
- **S2**：Because it's fun.
- **S1**：I see.
- **S2**：Who is your favorite member?
- **S1**：I like まるちゃん.
- **S2**：まるちゃん. Me, too.

ここがポイント！
'why' 'who' など，'what' 以外の疑問詞を意識的に使うようにします。

④ Discussion Time をする（3分）

　児童は好きな理由を答えるための形容詞が必要になります。'fun' だけではなく，「interesting，exciting」も導入します。

⑤ 2回目の Small Talk をする（1分30秒）

5月

13 好きな音楽やアーティストは？

【目的】友だちと好きな音楽やアーティストについて話して仲良くなろう！
【場面】休み時間の雑談
【状況】友だちと楽しく話したい

　　高学年になると音楽を聴く子が増えてきますが，全く聞かない子もいます。
その話題について，わからない時の反応もできるようにします。

---

① 導入する（2分）

（Hello!　自己紹介　握手で始める）

H：Do you like music?	**H**：音楽は好き？
A：Yes, I do.	**A**：好きだよ。
H：What kind of music do you like?	**H**：どんな音楽が好きなの？
A：I like pop music.	**A**：ポップスが一番好きだな。
H：Pop music. Me, too.	**H**：ポップ。私も好き。
Who is your favorite singer?	一番好きなのは誰？
A：My favorite band is X Japan.	**A**：一番好きなのは X Japan かな。
H：X Japan?	**H**：X Japan？
Why do you like X Japan?	なぜ好きなの？
A：Because their sound is cool.	**A**：かっこいいから。
H：I see.	**H**：そうなんだ。
What's your favorite song?	一番好きな曲は何？
A：I like 戦場のメリークリスマス.	**A**：戦場のメリークリスマスかな。
H：Sorry. I don't know.	**H**：ごめん。知らないな。
Can you sing the song?	その歌を歌える？
A：No I can't. I don't know the words.	**A**：歌えない。歌詞がわからないんだ。

H：何を話していたかな？（児童のつぶやきを取り上げながら概要を掴む）

056

②　教師と児童が会話をする（3分）

　5人の児童に ALT が "Do you like music?" "Who is your favorite singer?" と話しかけます。
　'who' を使う必然のある場面なので，'who' を使うことに慣れさせることをねらいます。

③　1回目の Small Talk をする（1分30秒）

（Hello!　自己紹介　握手で始める）
- S1：Do you like music?
- S2：Yes, I do.
- S1：Who is your favorite singer?
- S2：I like Yonezu Genshi.
- S1：Sorry. I don't know.
　　　What's your favorite song?
- S2：I like Lemon.
- S1：Oh, Lemon. I know it.

ここがポイント！
"Sorry." "I don't know." など，わからない時の表現も使えるようにします。

④　Discussion Time をする（3分）

　"Who is your favorite singer?" "Do you have any CDs?" "Can you sing it?" などを使って，話を継続させていたペアの様子を紹介します。

⑤　2回目の Small Talk をする（1分30秒）

5月

14 友だちの趣味を知ろう！

【目的】友だちと趣味について話して仲良くなろう！
【場面】休み時間の雑談
【状況】友だちと楽しく話したい

これまで好きなことについて続けて会話してきました。さらにジャンルを広げて会話の幅を広げます。

① 導入する（2分）

（Hello! 自己紹介 握手で始める）

H : What's your hobby?		**A** : あなたの趣味は何？
A : My hobby is playing the *syamisen*.		**A** : 三味線を弾くことだよ。
H : *Syamisen*? Really? Why do you play the *syamisen*?		**H** : 三味線？　本当？ なぜ三味線を弾くの？
A : I like Japanese music.		**A** : 日本の音楽が好きなんだ。
H : I see. When did you start doing it?		**H** : なるほど。 いつ始めたの？
A : I started *syamisen* 10 years ago.		**A** : 10年前に始めた。
H : 10 years ago. It's very long. Why do you like it?		**H** : 10年。長いね。 なぜ好きなの？
A : It is interesting.		**A** : 面白いからね。
H : When do you usually play it?		**H** : いつもいつ弾いているの？
A : I play it every Friday night.		**A** : 毎週金曜日の夜に弾いているよ。
H : Can I listen to your playing the *syamisen* some time?		**H** : いつかあなたの三味線の演奏を 聴くことができる？
A : Of course! It's fun.		**A** : もちろん。楽しいな。

H : 何を話していたかな？（児童のつぶやきを取り上げながら概要を掴む）

058

❷ 教師と児童が会話をする（3分）

5人の児童に ALT が "What's your hobby?" と話しかけます。「My hobby is ＋名詞.」の表現をインプットします。"Why?" "When did you start?" を使って，1つの話題について内容を深める質問をする様子を示しましょう。

❸ 1回目の Small Talk をする（1分30秒）

（Hello! 自己紹介 握手で始める）

S1：What's your hobby?
S2：My hobby is playing the guitar.
S1：The guitar. Cool.
　　When did you start?
S2：4th grade.
S1：I see.
　　Why do you like it?
S2："Help!" むずかしいは？
A ：Difficult.
S2：It is difficult.
　　But it is interesting.
S1：I see.
　　（尋ねる人と答える人が交代する）

ここがポイント！

「いつから始めたか。」は児童が聞いてみたいと思う質問です。何度も聞かせてその場で必要な表現を習得して使ってみる経験もさせていきたいです。

❹ Discussion Time をする（3分）

"Why?" "When did you start?" などを使って，話を継続させていたペアの様子を紹介します。

❺ 2回目の Small Talk をする（1分30秒）

5月

⓯ 動物園で見たい動物は？

【目的】友だちと動物園に行く計画を立てよう！

【場面】休み時間の雑談

【状況】友だちと動物園に行く計画を話したい

　　動物園に行く計画を立てる設定です。動物園にいる動物と限定することでより話しやすくなります。

---

❶ 導入する（2分）

H：何を話しているか考えながら，先生と ALT の会話を聞きましょう！

（Hello!　自己紹介　握手で始める）

H：I want to go to the zoo.	**H**：動物園に行きたいな。
A：It's a good idea.	**A**：いいね。
H：What animals do you like?	**H**：どんな動物が好き？
A：I like tigers.	**A**：トラが好きだな。
H：Oh, tigers.　Why do you like them?	**H**：トラね。なぜ好きなの。
A：Because they are strong.	**H**：強いから。
H：How about you?	**A**：あなたはどう？
A：I like elephants.	**H**：私はゾウが好き。
H：Elephants?　Why do you like them?	**H**：ゾウ？なぜ好きなの？
A：Eyes are cute.	**A**：目がかわいいから。
H：I think so.　Let's go to the zoo.	**H**：私もそう思う。動物園に行こうよ。
A：O.K.	**A**：いいよ。

H：何を話していたかな？（児童のつぶやきを取り上げながら概要を掴む）

060

② 教師と児童が会話をする（3分）

5人の児童に ALT が話しかけます。児童が好きな動物の名前が思いつかず，沈黙になってしまう児童には，"Do you like penguins, monkeys, giraffes？" といくつかの動物名を挙げて尋ねます。この時，動物が好きなことを表す時は複数形にすることを，音をよく聞かせて気づかせていきます。

③ 1回目の Small Talk をする（1分30秒）

（Hello!　自己紹介　握手で始める）

- **S1**：What animals do you like?
- **S2**：I like monkeys.
- **S1**：Oh, monkeys. So so.
　　　Why?
- **S2**：Because cute.
　　　How about you?
- **S1**：I like cheetahs.
- **S2**：Oh, cheetahs. Me, too.
　　　Why?
- **S1**：Because they are fast.
　　　Let's go to the zoo.
- **S2**：O.K.

ここがポイント！

"How about you?" "What's your favorite animal?"「Do you like＋動物名？」などいろいろな聞き方で聞けることを経験させます。"Let's go to the zoo." で会話を終了するようにすると笑顔が見られます。

④ Discussion Time をする（3分）

⑤ 2回目の Small Talk をする（1分30秒）

5月

16 ペットを飼っているの？

【目的】友だちとペットについて話そう！

【場面】休み時間の雑談

【状況】何か新しいペットを飼ってみたい

　　飼っているペットの話は盛り上がります。前回の好きな動物を尋ねた時に使った表現で話すことができます。そのため，児童同士の会話に十分な時間をとります。

① 導入する（2分）

（Hello!　自己紹介　握手で始める）

H：I want to have a new pet.　　Do you have any pets?	H：新しいペットが欲しいな。　　何かペットを飼ってる？
A：Yes, I do. I have a dog.	A：飼っているよ。犬を飼ってる。
H：Dog. It's good.　　What kind of dog do you have?	H：犬？　いいね。　　どんな犬を飼ってるの？
A：I have a *shibaken*.	A：柴犬。
H：Great. What's your dog's name?	H：すごいね。名前は何？
A：Pochi.	A：ポチ。
H：Really? Its name is cute.	H：本当？　かわいいね。
A：Do you have any pets?	A：何かペットを飼ってる？
H：I have a turtle.	H：カメを飼ってる。
A：Turtle? Wow! Really?　　Why do you like it?	A：カメ。本当？　　なぜカメが好きなの？
H：It's cute.　　But I want to have a dog.	H：かわいいよ。　　でも犬も飼いたい。

062

② 教師と児童が会話をする（3分）

　5人の児童に"Do you have any pets?"と話しかけます。何も飼ってない児童には，飼いたいペットを尋ねます。種類や好きな理由，名前を聞いて会話の内容を膨らませるように，質問を続けます。すぐに使えなくても会話を膨らませる表現をインプットして貯めておきます。

（**A**：Do you have any pets?）
S1：I have a beetle.
A：Beetle. That's sound good.
　　　Why do you like it?
S1：Because it's strong.
A：What are you feeding the beetle?
S1：Feeding?
A：Feeding.（食べるジェスチャー）
S1：Watermelon.
A：Do you have any pets?
S2：I have no pets.
A：What pets do you want to have?
S2：A hamster.
A：You want to have a hamster.

ここがポイント！

カメやカブトムシ，カナヘビなど児童の興味のある生き物の英語の表現を質問に応じて教えていきます。柴犬など日本名のままでも構わないことを告げて楽しく会話することを大切にしていきます。

③ 1回目のSmall Talkをする（1分30秒）

④ Discussion Timeをする（3分）

⑤ 2回目のSmall Talkをする（1分30秒）

063

6月
⑰ 運動会で頑張りたい種目は？

【目的】友だちと運動会の種目について話そう！
【場面】運動会前日の雑談
【状況】友だちは運動会をどう思っているか知りたい

運動会シーズンになり，児童の意識に合った話題で楽しく会話できます。
"Good luck!" など相手を励ます表現を教えます。

---

① 導入する（2分）

（Hello! 自己紹介 握手で始める）

H：We have a sports festival tomorrow.	**H**：明日は運動会だね。
A：Oh, I see. What event do you want to work hard at?	**A**：そうだね。どんな種目を頑張りたいの？
H：I want to work hard at the 応援合戦.	**H**：応援合戦を頑張りたい。
A：Oh, support battle. I can't wait!	**A**：応援合戦。 楽しみだな。
H：What do you do in support battle?	**H**：応援合戦で何をするの？
H：We sing a support song.	**H**：応援歌を歌うよ。
A：It's nice. Anything else?	**A**：いいね。他には？
H：I want to work hard at the 100m dash.	**H**：100m 走を頑張りたい。
A：Good luck!	**A**：頑張って。
H：I'm so excited about tomorrow. I can't wait!	**H**：明日がすごく楽しみだな。 待ちきれないな。

064

② 教師と児童が会話をする（6分）

運動会について話すために必要な表現「I want to work hard at ＋種目.」を導入します。'sports festival' 'event' などと，児童が種目名だけで答えた時に正しい英文で言い直して，リピートさせていきます。種目名は日本語のままで構いません。"I can't wait." "Anything else?" "Good luck!" は使いたい気持ちが高まっている時なので教えていきます。新しい表現が多いため，教師と児童が会話する時間を長くとって今回はインプット中心の Small Talk とします。児童同士の会話は１回だけにします。

③ １回目の Small Talk をする（1分）

（Hello!　自己紹介　握手で始める）

S1：What event do you want to work hard at?
S2：I want to work hard at 障害物競走.
S1：障害物競走. Me, too.
　　Anything else?
S2：I want to work hard at 棒引き.
S1：It's cool.
　　Good luck.
S2：What event do you want to work hard at?
S1：I want to work hard at 玉いれ.
S2：It's fun.
　　I can't wait!

ここがポイント！

児童が本当に伝えたいという気持ちを大切にして "I want to work hard…." "Good luck." "I can't wait!" は教えて使わせましょう。

④ Discussion Time をする（2分）

6月

⑱ 運動会の思い出を話そう！

【目的】運動会の思い出について話そう！
【場面】運動会の翌日の休み時間の雑談
【状況】運動会が終わってお互いの頑張りを話したい

運動会の思い出を話します。過去形は，ゴールデンウィークの思い出で扱っているので２回目になります。少しずつ過去形を使えるようにしていきます。

---

① 導入する（2分）

（Hello!　自己紹介　握手で始める）

H	We had a sports festival.	H	運動会だったよね。
A	I had a good time.	A	楽しかったよ。
H	What's your favorite memory?	H	一番の思い出は何？
A	My favorite memory is 100m dash.	A	私の一番の思い出は100m 走。
H	Oh, 100m dash. Why is it your favorite memory?	H	100m 走ね。 なぜそれが一番の思い出なの？
H	Because I was in first place.	H	１番を取ったから。
A	Cool. You did it!	A	かっこいいね。頑張ったね。
H	What's your favorite memory?	H	あなたの一番の思い出は？
A	My favorite memory is support bottle.	A	一番の思い出は応援合戦だな。
H	Why is it your favorite memory?	H	どうして一番の思い出なの？
A	It was very fun. We cried out in a loud voice.	A	楽しかった。 大きな声で叫んだ。
H	Good job.	H	頑張ったね。

066

② 教師と児童が会話をする（5分）

"What's your favorite memory?" を使って5人の児童と会話します。"Why is it your favorite memory?" を使って理由も尋ねます。理由はうまく言えない場合が多いので，「何が伝えたいか日本語でもいいよ。」と促して，できる範囲で英語で伝えるようにします。児童は「転んでしまったけど，最後まで走った。」など，日本語で複雑な内容を考えてしまいますが，"I ran.（転ぶジェスチャー）But I ran. Did my best." など，既習表現でジェスチャーをつけながら話すことを考えさせていきます。

③ 1回目の Small Talk をする（1分）

（Hello!　自己紹介　握手で始める）
- **S1**：What's your favorite memory?
- **S2**：My favorite memory is 棒引き.
- **S1**：Oh, 棒引き.
    Why?

- **S2**：I get 3 棒.
- **A**：I got 3 rods.
    （ALT が過去形をその場で教える）
    （Discussion Time で紹介する）
- **S1**：Good job.
    （尋ねる人と答える人を交代する）

ここがポイント！

"I had a good time." "You did it!" "Good job." など友だちの頑張りをほめる言葉を気持ちを込めて使えるように教えていきます。

④ Discussion Time をする（2分）

多くの児童が使いたい表現を取り上げます。

⑤ 2回目の Small Talk をする（1分）

6月

19 好きなスポーツは何？

【目的】友だちの好きなスポーツを知ろう！

【場面】休み時間

【状況】友だちと仲良く話したい

運動会があったりクラブチームの活動が盛んであったりする時期です。児童の興味に合わせて好きなスポーツについて話します。間を空けずに反応して，会話のリズムを大切にします。

① 導入する（2分）

（Hello! 自己紹介 握手で始める）

H：Do you like sports?	**H**：スポーツは好き？
A：Yes, I do.	**A**：好きだよ。
H：What sports do you like?	**H**：どんなスポーツが好きなの？
A：I like team sports.	**A**：チームスポーツが好きだな。
H：What team sports do you like?	**H**：チームスポーツは何が好き？
A：I like baseball.	**A**：野球が好きだな。
H：Baseball. Me, too.	**H**：野球。私も好きだよ。
Do you play baseball?	野球をやるの？
A：Yes, I do.	**A**：やるよ。
H：What's your position?	**H**：ポジションはどこ？
A：I'm a catcher.	**A**：キャッチャーだよ。
H：It's cool.	**H**：かっこいいね。
What team do you like?	どこのチームが好き？
I like Dragons.	ドラゴンズさ。
A：I see. I like Giants.	**A**：そう。私はジャイアンツ。

② 教師と児童が会話をする（5分）

好きなスポーツは児童が話しやすい話題です。"What sports do you like?" "Do you play baseball?" "What's your position?" "What team do you like?" など児童が興味のある内容を尋ねる様々な表現を使ってみせます。その時，ALTは児童の答えに「Oh，くり返し」や"Cool!"など感想をリズムよく返していきます。

③ 1回目のSmall Talkをする（1分）

（Hello! 自己紹介 握手で始める）
S1：What sports do you like?
S2：I like soccer.
S1：Soccer. Me, too.
　　　Do you play soccer?
S2：Yes.
S1：Your position?
S2：Center back.
S1：Cool.
（尋ねる人と答える人が交代する）

ここがポイント！

児童は"What sports do you like?"だけではなく，ポジションを聞きたいと考えます。"Your position?"と語尾を上げることで尋ねる方法もあることを教えリズムよく会話をすることを大切にします。

④ Discussion Timeをする（2分）

「テコンドー」「少林寺拳法」「スイミング」など様々なスポーツについて，質問に答えていきます。

⑤ 2回目のSmall Talkをする（1分）

6月

⑳ 始めてみたいスポーツは何？

【目的】友だちに始めてみたいスポーツについて相談しよう！

【場面】休み時間の雑談

【状況】何か新しいスポーツに挑戦したい時

スポーツの話題が続いています。活動的な季節になり，何かスポーツを始めてみようかという気持ちが高まってきます。そんな時の話題です。

① 導入する（2分）

（Hello!　自己紹介　握手で始める）

H：I want to start some kind of sports.	**H**：何かスポーツを始めたいな。
A：It's a good idea.	**A**：いいね。
H：What sports do you play?	**H**：どんなスポーツをやっているの？
A：I play basketball.	**A**：バスケットボールをやっている。
H：Oh, basketball. Cool. Are you on the basketball team?	**H**：バスケットボールか。かっこいい。バスケットボールチームに入っているの？
A：Yes, I am.	**A**：入っているよ。
H：Why do you like it?	**H**：なぜ好きなの？
A：Because it's so fun.	**A**：楽しいからね。
H：Is it hard?	**H**：きつくない？
A：Yes, it is. But I like it. Let's play basketball together.	**A**：きついよ。でも好きだから。一緒にバスケットボールをやろう。
A：O.K. I want to play it too.	**H**：いいね。私もやりたいな。

（児童のつぶやきを取り上げながら目的・場面・状況を示す）

070

② 教師と児童が会話をする（3分）

5人の児童に "What sports do you play?" を使って話しかけます。"Why do you like it?" と理由を尋ねて，"Because 〜." と答えることを意識させていきます。「fun, exciting, interesting」など理由に使える形容詞を示します。

③ 1回目の Small Talk をする（1分30秒）

（Hello! 自己紹介 握手で始める）
- **S1**：What sports do you play?
- **S2**：I play 空手.
- **S1**：Oh, 空手. Why?
- **S2**：Because 強くなりたい.
  （"Help!" と手を挙げて教師を呼ぶ）
- **H**：I want to be strong.
- **S2**：Because I want to be strong.

ここがポイント！

"What sports do you like?" の 'like' を 'play' に変えればいいことに気づかせていきます。理由の答え方に "Because" をつけることを話して，意識的に使わせていきます。

④ Discussion Time をする（3分）

児童は「お母さんに勧められたから。」「お兄さんがやっていたから。」と事実を忠実に伝えようとします。「これを言いたい。」という気持ちを大切にして，場に応じて教えていきます。

⑤ 2回目の Small Talk をする（1分30秒）

6月 21 オリンピックで 観たい競技は何？

【目的】オリンピックで興味のある競技について話そう！

【場面】休み時間の雑談

【状況】友だちと楽しく話したい

夏はオリンピックやスポーツ中継が多い時期です。オリンピックが開催されない年は，世界陸上，世界水泳などの観たい種目で応用します。どんな競技に興味があるかを話題にします。児童同士の会話での質問を大切にして，理由の答え方に慣れさせるようにしていきます。

(1) 導入する（2分）

（Hello! 自己紹介 握手で始める）

H：The Olympics will take place this year.	**H**：今年はオリンピックの年だね。
A：Yeah, I can't wait!!	**A**：そうだね。楽しみだな。
H：What Olympic event do you want to watch?	**H**：どんな競技が観たいの？
A：Well, gymnastics. Because it's fun. They might win the gold medal. How about you?	**A**：体操かな。 楽しいから。 金メダルを取れそうだからね。 あなたはどんな競技が観たい？
H：Baseball.	**H**：野球かな。
A：Why do you want to watch it?	**A**：どうして野球が観たいの？
H：Baseball is so exciting. I hope they will win gold medal.	**H**：野球は面白いからね。 金メダル取れるといいな。
A：Right. But, the American team is so strong.	**A**：そうだね。でもアメリカも強いからね。

072

② 教師と児童が会話をする（3分）

　最初にオリンピック競技は何を知っているか尋ねて，イメージを持たせます。（いくつかの競技の写真やカードを黒板に掲示する）

　5人の児童に"What Olympic event do you want to watch?"を使って話しかけます。難しい場合は，児童の実態に合わせて，"What Olympic event do you like?"を使ってもいいでしょう。"Why do you like it?"と理由を尋ねる中で，児童が質問した形容詞は教えていきます。

③ 1回目のSmall Talkをする（1分30秒）

（Hello!　自己紹介　握手で始める）

S1：What Olympic event do you want to watch?
S2：Let me see! Athletics.
S1：Oh, athletics. Why?
S2：Because I like Kiryu Yoshihide.
S1：Why?
S2：He can run fast.
S1：I see.
（次にS2が尋ねて理由を聞く）

ここがポイント！

"What Olympic event do you want to watch?"は難しいようですが，言いたい気持ちが高いと児童は使うことができるものです。「どう言うのだった？」と尋ねてくる児童に何度も丁寧に正しい文を聞かせていきます。

④ Discussion Timeをする（3分）

　言えない競技の名前や理由の言い方など，次の会話で多くの児童が生かせる内容を取り上げるようにします。

⑤ 2回目のSmall Talkをする（1分30秒）

6月 22 友だちの一番好きな教科を知ろう！

【目的】友だちと好きな教科について話そう！

【場面】休み時間の雑談

【状況】友だちと楽しく話したい

　　　1日の時間割は，児童の最も興味のある話題です。日常的によく話す話題です。ここでは，好きな教科やその理由について話します。

① 導入する（2分）

H：何を話しているか考えながら，先生と ALT の会話を聞きましょう！

（Hello!　自己紹介　握手で始める）

H：We have P.E. class today.	**H**：今日は体育があるね。
A：Do you like P.E.?	**A**：体育好きなの？
H：Yes, I do.	**H**：好きだよ。
A：Why do you like it?	**A**：どうして体育が好きなの？
H：Because it's fun. 　　　I like to move my body. 　　　How about you?	**H**：楽しいから。 　　　体を動かすのが好きなんだ。 　　　あなたはどう？
A：I like P.E., too.	**A**：私も体育好きだよ。
H：What's your favorite subject?	**H**：一番好きな教科は何？
A：My favorite subject is music.	**A**：一番好きな教科は音楽だな。
H：Oh, music. 　　　Why do you like music?	**H**：ああ，音楽ね。 　　　どうして音楽が好きなの？
A：Because I like singing.	**A**：歌うのが好きなんだ。
H：I see.	**H**：なるほど。

（児童のつぶやきを取り上げながら概要を掴む。目的・場面・状況を示す）

❷ 教師と児童が会話をする（3分）

5人の児童に"Do you like music？""What's your favorite subject？"を使って話しかけます。"Why do you like it？"と理由を尋ねて，"Because～."で答えることに慣れさせることをねらいます。

❸ 1回目のSmall Talkをする（1分30秒）

（Hello!　自己紹介　握手で始める）
- **S1**：What's your favorite subject?
- **S2**：I like social studies.
- **S1**：Oh, social studies. Me, too. Why do you like it?
- **S2**：Because I like history.
- **S1**：I see.

（次にS2が尋ねて理由を聞く）

ここがポイント！

"Ｗｈｙ？"だけで尋ねたり，"Because it's fun."だけを使っていたりしてもよいでしょう。これまでの話題と関連づけながら，理由を尋ねて答える場面を経験させます。

❹ Discussion Timeをする（3分）

児童は様々な理由を日本語で考えて，表現しきれず質問してきます。
S：実験するのが3年生の時からずっと好きだった。**H**：一番伝えたいことは？　**S**：実験が好き。**H**：実験はexperiment。**S**：Experiment.　**H**：『好きだから』をつけるとどうなるかな？　**S**：Because I like experiment. というように，必要な英単語をその場で教えて簡潔に伝えるように話します。

❺ 2回目のSmall Talkをする（1分30秒）

6月 23 友だちの好きな季節を知ろう！

【目的】友だちと好きな季節について話そう！

【場面】休み時間の雑談

【状況】友だちと楽しく話したい

「What's your favorite＋名詞？」の表現に慣れさせていきます。理由を「It's＋形容詞.」だけでなく，"I can 〜." を使って答えられることをねらいます。

---

① 導入する（2分）

（Hello!　自己紹介　握手で始める）

H：It is hot today.	**H**：今日も暑いね。
A：Yeah, very much.	**A**：うんすごく暑いね。
H：Do you like summer?	**H**：夏は好き？
A：No, I don't.	**A**：あまり好きじゃないな。
H：Why?	**H**：どうして。
A：Because, it is so hot and humid.	**A**：蒸し暑いから。
H：Which season do you like?	**H**：どの季節が好きなの？
A：I like autumn, because it is the best season for foods.	**A**：秋が好きだな。おいしい食べ物がたくさんある。
H：Right, autumn is nice.	**H**：確かに。秋はいいね。
A：How about you?	**A**：あなたは，どの季節が好き？
H：I like spring. Because I can see cherry blossom.	**H**：春がいいな。お花見ができるから。
A：Yeah, it is awesome to see cherry blossom.	**A**：お花見。いいね。

076

② 教師と児童が会話をする（3分）

5人の児童に "What's your favorite season?" を使って話しかけます。"Why do you like it?" と理由を尋ねます。"Because I can ～." を使って答えるようにいくつか例を示しながら促します。

- **A**：What's your favorite season?
- **S1**：My favorite season is summer.
- **A**：Why do you like it?
- **S1**：....
- **A**：You can swim in a pool.
  You can fish.
  You can go to summer festival.
  You can have BBQ.
  You can go camping.
- **S1**：Because I can swim in a pool.
- **A**：Do you like swim?
- **S1**：Yes, I do.

ここがポイント！

理由を尋ねられると，思いを英語で表現できず固まってしまう児童がいます。最初は教師がいくつかの例を示して，その中から自分の気持ちに合っている表現を選んで使ってみるようにします。

③ 1回目の Small Talk をする（1分30秒）

④ Discussion Time をする（3分）

それぞれの季節が好きな理由を答えるのは難しいようです。うまく言えなくても "I can ～." を使って答えようとしている児童を紹介していきます。この時「play，swim，ski」など様々な動詞が必要になります。児童の質問に応じながら教えていきます。

⑤ 2回目の Small Talk をする（1分30秒）

6月 24 暇な時は何するの？

【目的】友だちと暇な時間に何をして過ごすか話そう！

【場面】休み時間の雑談

【状況】友だちと仲良く話したい

家に帰ってから自由時間に何をするか話します。児童の関心の高い話題で楽しく話せます。4月の「2　家に帰ったら何をするの？」で尋ねた時より自分が話せるようになっていることを自覚することもできます。

① 導入する（2分）

H：What do you do in your free time?	H：暇な時は何をしているの？
A：My free time? 　I usually play with my friends.	A：暇な時？ 友だちと遊ぶよ。
H：Oh, you play with your friends? That's nice. What kind of games do you play?	H：へー友だちと遊ぶの。 いいね。 どんな遊びで遊ぶの？
A：Hmm, let me see. We play tag. I like tag very much.	A：うーん。そうだな。鬼ごっこかな。 鬼ごっこすごく好きなんだ。
H：You like tag. I see. Why do you like it?	H：鬼ごっこが好きなんだね。 なぜ好きなの？
A：Because I can run fast.	A：走るの速いから。
H：Wonderful!	H：すごいね。
A：How about you?	A：あなたはどう？
H：I often read books.	H：よく読書をするよ。
A：That's sounds good.	A：いいね。

② 教師と児童が会話をする（3分）

"What do you do in your free time?" で5人の児童に話しかけます。考えている時は教師が意識的に "Let me see!" を使うようにします。"What games do you like?" "Why do you like it?" "Can you play the game well?" などいろいろな質問をして内容を深めていきます。

③ 1回目の Small Talk をする（1分）

S1：What do you do in your free time?

S2：I watch YouTube videos.

S1：Oh, YouTube videos. That's nice. What kind of YouTube videos do you like?

S2：Let me see. I like music.

S1：Sounds good.

S2：How about you?

（尋ねる人と答える人が交代する）

ここがポイント！

　Small Talk を始めて3か月になります。自分は英語の会話が前よりできるようになってきたと感じています。どんなふうに変わってきたか，児童に考えさせる「振り返りTime」を設定すると，次への意欲を高めることができます。

④ Discussion Time をする（2分）

⑤ 2回目の Small Talk をする（1分）

⑥ 振り返りをする（2分）

H：4月にも家に帰ってから何をするか尋ねました。その時と比べて自分は変わったかな。（4月のモデルスキットを示す）

S1：What item do you like? を使って聞けた。

S2：Me, too. 以外の反応をした。

H：Me, too. 以外の反応をした人，手を挙げてみて？

079

7月
25 夏が好きか？ 冬が好きか？

【目的】友だちと「夏が好きか？ 冬が好きか？」について話そう！

【場面】休み時間の雑談

【状況】友だちと楽しく話したい

暑い日々が続く中，児童が楽しんで会話できる話題です。どちらが好きかという表現に慣れさせることをねらいます。

① 導入する（2分）

H：何を話しているか考えながら，先生と ALT の会話を聞きましょう！

（Hello! 自己紹介 握手で始める）

H：It is hot today.	H：今日は暑いですね。
A：Yes. It is very hot and humid.	A：うん。とても暑くて蒸し暑いね。
H：Humid?	H：蒸し暑い？
A：Yes. It is humid in Japan. （ジェスチャーで蒸し暑さを表現）	A：そう。日本は蒸し暑い。
H：Do you like summer?	H：夏は好きですか。
A：Yes, I do.	A：好きだよ。
H：Which do you like summer or winter?	H：夏と冬ではどっちが好き？
A：I like summer.	A：夏が好きだな。
H：Why do you like summer?	H：どうして夏が好きなの？
A：I like swimming. I want to go to the sea.	A：泳ぐのが好きなんだ。 海に行きたい。
H：Sounds good.	H：いいね。

（児童のつぶやきを取り上げながら概要を掴む。目的・場面・状況を示す）

080

② 教師と児童が会話をする（3分）

"Which do you like summer or winter?" は，初めて使う表現なので，10人の児童に話しかけてじっくり聞かせます。

A ： Which do you like summer or winter?
S1： Let me see. I like winter.
A ： Oh, winter.
　　 Why do you like winter?
S1： Because summer is hot … 暑すぎ
A ： I think so.
　　 Japanese summer is too hot.
　　 （暑そうなジェスチャー・表情）
S1： I don't like too hot.
A ： Which do you like summer or winter?
S2： I like summer.
A ： Oh, summer.
　　 Why do you like summer?
S2： Because I can eat 夏野菜カレー．
A ： What vegetable do you like?
S2： I like eggplants.

ここがポイント！

"Which do you like summer or winter?" は長い文ですが，リズムがよく児童はすぐに使えるようになります。「どっちが好き？」はお気に入りの表現となって今後いろいろな場面で使う姿が見られます。

③ 1回目の Small Talk をする（1分30秒）

④ Discussion Time をする（3分）

⑤ 2回目の Small Talk をする（1分30秒）

7月
26 好きな夏の果物は何？

【目的】友だちと夏の果物について話そう！
【場面】休み時間の雑談
【状況】友だちと楽しく話したい

夏は果物がたくさんあふれています。児童が話しやすい話題です。「どちらが好きか」や，「好きな理由を聞く」という既習表現の中から自分で選択して使うことをねらいます。

1 導入する（2分）

H：何を話しているか考えながら，先生とALTの会話を聞きましょう！
（Hello! 自己紹介 握手で始める）

H：We can eat many fruits in summer.	H：夏はたくさんの果物が食べられるね。
A：Yes. I ate a peach yesterday.	A：うん。昨日桃を食べたよ。
H：I like peaches, too. What kind of summer fruit do you like?	H：私も桃は好きだな。 夏の果物で何が好きなの？
A：I like watermelon!	A：スイカが好きだな。
H：Oh, watermelon. It's good. Why do you like it?	H：スイカね。いいね。 どうして好きなの？
A：Because it's juicy.	A：みずみずしいから。
H：Which do you like watermelon or peaches?	H：スイカと桃とどっちが好き？
A：Let me see! Both are good.	A：うーんそうだな。どっちもいいな。

（児童のつぶやきを取り上げながら概要を掴む。目的・場面・状況を示す）

082

② 教師と児童が会話をする（3分）

5人の児童に "Do you like grapes?" "What kind of summer fruit do you like?" "Which do you like watermelon or peaches?" を使って話しかけます。"Why do you like it?" と理由を尋ねる中で、児童が質問した形容詞は教えていきます。迷っている時に無言にならないように "Let me see!" を使うことを促します。

③ 1回目の Small Talk をする（1分30秒）

（Hello!　自己紹介　握手で始める）

- S1 : What kind of summer fruit do you like?
- S2 : Let me see! I like melons.
- S1 : Oh, melons. Me, too. Why do you like it?
- S2 : Because it's sweet.
- S1 : I see.
- S2 : Which do you like melons or watermelon?
- S1 : I like watermelon.

ここがポイント！

"What kind of summer fruit do you like?" も日常会話でよく使われるので導入していきます。迷って考えている時の "Let me see!" は便利な表現なので定着させたいです。

④ Discussion Time をする（3分）

児童は様々な形容詞を使って、果物の味を表現したいと感じています。形容詞は質問に応じながらイメージができる時に教えていくのが最適です。
「sweet, juicy, sour, refreshing, delicious, cold, soft」

⑤ 2回目の Small Talk をする（1分30秒）

7月

27 好きな夏の食べ物は何？

【目的】友だちと好きな夏の食べ物について話そう！

【場面】休み時間の雑談

【状況】友だちが遊びに来るなら何か好きな物を用意したい

　　7月の「26　好きな夏の果物は何？」で使った表現を，夏の食べ物全般に話題を広げて使っていきます。繰り返し使っていくことで定着させることをねらいます。

---

① 導入する（2分）

H：何を話しているか考えながら，先生と ALT の会話を聞きましょう！

（Hello!　自己紹介　握手で始める）

H：What kind of summer food do you like?	H：夏の食べ物は何が好き？
A：I like shaved ice!	A：私はかき氷が好きだな。
H：Shaved ice? I see! 　What is your favorite flavor?	H：かき氷？　わかった。 　どんな味が好きなの？
A：My favorite flavor is blue Hawaii!	A：一番好きなのはブルーハワイ。
H：Oh, blue Hawaii! 　Why do you like it?	H：ああ，ブルーハワイね。 　どうして好きなの？
A：Because it's fruity and yummy! 　What kind of summer food do you like?	A：フルーティでおいしいから。 　どんな夏の食べ物が好き？
H：I like ice cream.	H：アイスクリームが好き。
A：Which do you like cone or cup?	A：コーンとカップとどちらが好き？
H：I like cone.	H：コーンが好き。

084

② 教師と児童が会話をする（3分）

5人の児童に "What kind of summer food you like?" "Which do you like shaved ice or ice cream?" などを使って話しかけます。"Why do you like it?" と理由を尋ねる中で，前回使った様々な味を表す形容詞から選択して使えるように掲示などを用意しておきます。

③ 1回目の Small Talk をする（1分30秒）

（Hello! 自己紹介 握手で始める）

S1 : What kind of summer food
　　 do you like?
S2 : Let me see! I like ice cream.
S1 : Oh, ice cream. Me, too.
　　 Why do you like it?
S2 : Because it's cold and sweet.
S1 : Which do you like ice cream or
　　 shaved ice?
S2 : Both are good.
（次にS2が尋ねて理由を聞く）

ここがポイント！

「どっちが好き？」と尋ねられた時「どっちも好き」と考える児童は多いようです。"Both are good!" は便利な表現なので教えていきたいです。

④ Discussion Time をする（3分）

'ice cream' 'shaved ice' 以外の食べ物を答えた人を聞きます。「BBQ，枝豆，うなぎ」などいろいろな食べ物の英語表現を一緒に考えます。

⑤ 2回目の Small Talk をする（1分30秒）

7月

㉘ 苦手な野菜は何？

【目的】友だちと苦手な野菜について話そう！

【場面】家庭科の時間の話題

【状況】調理実習でグループみんなと作るサラダの計画を立てる時

　好きな物を聞くことはあっても，苦手な物を聞く話題は少ないです。今回は，相手の苦手な野菜あてゲームの形式にして，「No, I don't. I don't like ＋名詞.」を定着させることをねらいます。

---

① 導入する（2分）

H：何を話しているか考えながら，先生と ALT の会話を聞きましょう！

（Hello!　自己紹介　握手で始める）

H：We will make a salad in next home economics. Let's make a plan.	**H**：次の家庭科の時間にサラダを作るんだ。 計画を立てよう。
A：O.K. I am really excited about it!	**A**：いいね。楽しみだな。
H：Do you like tomatoes?	**H**：トマトは好き？
A：Yes, I do.	**A**：好きだよ。
H：Do you like onions?	**H**：玉ねぎは好き？
A：No, I don't.	**A**：好きじゃないな。
H：Oh, you don't like onions.	**H**：ああ，玉ねぎは嫌いなんだね。
A：Do you like onions?	**A**：玉ねぎは好きなの？
H：Yes, I do. I like all kinds of vegetable.	**H**：好きだよ。 私は野菜全部好きだなあ。
A：What a surprise!	**A**：わーすごいね。

（児童のつぶやきを取り上げながら概要を掴む。目的・場面・状況を示す）

086

❷ 教師と児童が会話をする（3分）

　5人の児童に「Do you like＋野菜？」で質問して，苦手な野菜が見つかるまで聞き続けます。こうすることで，いろいろな野菜の名前をインプットできます。「今日は苦手な野菜が見つかるまで，質問を続けてみましょう。見つかったら交代して尋ねましょう。」と条件を話します。

❸ 1回目のSmall Talkをする（1分30秒）

（Hello!　自己紹介　握手で始める）

S1：Do you like lettuces?
S2：Yes, I do.
S1：Do you like cucumbers?
S2：Yes, I do.
S1：Do you like green peppers?
S2：No, I don't.
S1：I see.
　　　You don't like green peppers.
　（次にS2が尋ねる）

ここがポイント！

　「Do you like＋名詞？」の質問文に，"Yes." "No." の単語だけで答えるのではなく "Yes, I do." "No, I don't." と答える会話を繰り返してその表現に慣れることをねらいます。"I like all kinds of vegetable." も必要に応じて教えます。

❹ Discussion Timeをする（3分）

　「苦手な野菜はない。」という児童もいます。**H**：すべては？　**S**：All.　**H**：すべての野菜が好きなんだね。**S**：I like all vegetable.　**H**：I like all kinds of vegetable. のように，正しい表現をインプットしていきます。

❺ 2回目のSmall Talkをする（1分30秒）

7月 29 誕生日はいつ？ 何が欲しい？

【目的】友だちの誕生日を尋ねて何が欲しいかについて話そう！

【場面】休み時間の雑談

【状況】友だちと楽しく話したい

誕生日を尋ねる題材です。'what' 以外の疑問詞を使うこの話題を設定します。誕生日が待ち遠しい年頃なので，楽しく会話できる話題です。

---

① 導入する（2分）

H：何を話しているか考えながら，先生と ALT の会話を聞きましょう！

（Hello! 自己紹介 握手で始める）

H：	It is July. July is my birthday month.	H：	7月だよね。7月は誕生月なんだ。
A：	Really? When is your birthday?	A：	本当。誕生日はいつなの？
H：	My birthday is July 22th.	H：	私の誕生日は7月22日です。
A：	It's soon. What do you want for your birthday?	A：	もうすぐだね。何か欲しいものある？
H：	I want to get new T-shirts.	H：	新しいTシャツが欲しいな。
A：	What color do you like?	A：	何色が好きなの？
H：	Let me see! I like blue.	H：	そうだな。青色が好きだな。
A：	O.K. I will get a present for you.	A：	いいよ。プレゼントしよう。
H：	Wow! Thank you. When is your birthday?	H：	わー。ありがとう。あなたの誕生日はいつなの？
A：	My birthday is March 21th.	A：	3月21日だよ。
H：	It's still ahead.	H：	先だね。

088

②　教師と児童が会話をする（3分）

　最初に絵カードを使って12の月の言い方をさっと復習します。5人の児童に"When is your birthday?"を使って話しかけます。"What do you want for your birthday?"と質問を続けます。3人目くらいから「みんなで一緒に聞いてみよう？」と投げかけて，全員が1人の子に"When is your birthday?"を問いかけます。すぐに覚えられる表現です。

③　1回目のSmall Talkをする（1分30秒）

（Hello!　自己紹介　握手で始める）
- S1：When is your birthday?
- S2：My birthday is September 6th.
- S1：Oh, September 6th.
　　　What do you want for your birthday?
- S2：New video game.
- S1：Oh, new video game.
- S2：What video game do you want?
- S1：Mario party.
- S2：Oh, Mario party. That's nice.
（次にS2が尋ねて理由を聞く）

ここがポイント！

"When is your birthday?"は"What's this?"と同様に，塊として覚えてしまうフレーズです。リズムよく言いやすいので，すぐに定着します。聞き取った誕生日を繰り返すことを約束として，注意して聞かせるようにします。

④　Discussion Timeをする（2分）

　児童の様子を見て，12の月の正しい発音をもう一度復習します。

⑤　2回目のSmall Talkをする（1分30秒）

7月

㉚ 特技は何？

【目的】友だちに自分の特技を自慢しよう！

【場面】休み時間の雑談

【状況】友だちと楽しく話したい

自分の特技を自慢し合います。「I can 〜.」をたくさん使わせることをねらいます。相手をほめる反応もできるようにします。

① 導入する（2分）

H：何を話しているか考えながら，先生と ALT の会話を聞きましょう！

（Hello! 自己紹介 握手で始める）

H：Can I ask you some questions?	H：聞いてもいい？
A：Sure. Go ahead.	A：もちろん。どうぞ。
H：Do you have any special talents?	H：何か特技ってある？
A：Special talents? Let me see! Well, I like bowling.	A：特技？ ちょっと待って。ボーリングが好きだな。
H：Wow. Bowling. Fantastic!	H：わあボーリング。すごいね。
A：I can get many strikes!	A：ストライクが取れるんだ。
H：Cool. You are good at bowling!	H：かっこいい。ボーリング得意だね。
A：What special talents do you have?	A：あなたの特技は何？
H：Let me think …. I can eat 15 plates at the sushi restaurant!	H：ちょっと待って。寿司屋で15皿食べられる。
A：15 plates! No kidding?	A：15皿！ 冗談でしょ。
H：No kidding.	H：冗談じゃないよ。
A：Wow! You like sushi very much.	A：わあ。すごく寿司が好きなんだね。

090

② 教師と児童が会話をする（3分）

　今日の【目的】を説明した後に少し時間をとる必要があります。突然特技と言われて当てられても思い浮かばない子も多いです。"Any volunteers?" と話したい子に手を挙げてもらうようにすると，ユーモア好きの子が楽しい例を示してくれます。まず，教師がいくつかの例を挙げてみても考えやすくなります。

A ： Do you have any special talents?

S1 ： Yes, I do.

A ： What special talents do you have?

S1 ： I can 二重飛びが50回できる.

A ： You can do double jump 50 times.

S1 ： I can do double jump 50 times.

A ： Fantastic!

All S ： Fantastic!

> **ここがポイント！**
>
> 「友だちをびっくりさせる特技を話そう！」と呼びかけます。驚いた気持ちの込もった反応ができるようになることをねらいます。"Fantastic!" "Really!" "Surprise!" "No kidding!" などいろいろな例を示すと気に入った表現を選んで楽しく反応できます。

③ 1回目の Small Talk をする（1分30秒）

④ Discussion Time をする（3分）

　言いたいけれど言えない表現の質問がたくさん出てきます。'can' を使って何ができるかを簡潔に伝えるように話します。驚いた表現で何を使ったか尋ねます。次の会話で違う表現も使ってみようという気持ちを高めます。

⑤ 2回目の Small Talk をする（1分30秒）

091

7月

㉛ 夏祭りに行きたい？

【目的】友だちと夏祭りに行く約束をしよう！

【場面】休み時間の話題

【状況】夏休みの遊びの計画を立てる時

　　夏のイベントについての話題で，楽しく話せます。「Do you want to go to 名詞？」の表現に慣れていないため，教師が児童と会話する活動を中心に行います。

① 導入する（2分）

（Hello!　自己紹介　握手で始める）

H：There are many festivals in the summer.	H：夏にはたくさんお祭りがあるね。
A：I see. 　　I want to go to a summer festival.	A：そうだね。 　　夏祭りに行きたいな。
H：What festival do you want to go to?	H：どんなお祭りに行きたいの？
A：I want to go to the fireworks festival.	A：花火大会に行きたいな。
H：Fireworks festival. It's great.	H：花火大会ね。すごいよ。
A：When do you have the fireworks festival?	A：花火大会はいつあるの？
H：July 31th. Let's go together.	H：7月31日。一緒に行こうよ。
A：O.K. What festival do you want to go to?	A：いいよ。あなたはどんなお祭りに行きたいの？
H：I want to go to the bon dancing festival.	H：盆踊りに行きたいな。

（児童のつぶやきを取り上げながら概要を掴む。目的・場面・状況を示す）

092

② 教師と児童が会話をする（5分）

　新しい表現であるため，教師と児童が会話する時間を十分にとります。8人の児童に "What festival do you want to go to?" で質問して，この表現に慣れさせます。「盆踊り」「花火大会」は日本語のままでもよいことにしますが，単語のみで答えている子には，"I want to go to 盆踊り." と返して正しい文でもう一度話すようにさせていきます。最後の3人にはクラス全員で "What festival do you want to go to?" と問いかけるようにします。"Me, too." "Oh." などの反応も全員が口々につぶやくように働きかけて話題に巻き込んでいきます。今回は1回の Small Talk と Discussion time だけにします。

③ 1回目の Small Talk をする（1分）

（Hello!　自己紹介　握手で始める）

S1：What festival do you want to go to?
S2：I want to go to *Jizo bon*.
S1：I want to go to *Jizo bon*, too.
S2：Sounds good.
　　　Let's go together.
S1：O.K.
　　（次にS2が尋ねる）

ここがポイント！

　教師と児童の会話の中で "Good." "Nice." だけではなく "Sounds good." も使って反応することを促します。"Let's go together." で終了することを約束とします。笑顔があふれます。

④ Discussion Time をする（3分）

7月

32 夏休みにやりたいことは？

【目的】友だちと夏休みにやりたいことについて話そう！

【場面】休み時間の話題

【状況】夏休みを楽しみにしている

　　夏休み前のわくわくした気持ちの時です。楽しく会話できる話題です。自分の願いを話すため，実際に行く予定がなくてもよいことにします。

---

1 導入する（2分）

H：何を話しているか考えながら，先生と ALT の会話を聞きましょう！

（Hello!　自己紹介　握手で始める）

H：It is the summer vacation soon.	**H**：もうすぐ夏休みだね。
A：I'm glad.	**A**：楽しみ。
H：What do you want to do?	**H**：何をしたいの？
A：I want to go to Tokyo.	**A**：東京に行きたい。
H：Tokyo. Why do you want to go to Tokyo?	**H**：東京。なぜ行きたいの？
A：I want to go to TDL.	**A**：TDL に行きたいな。
H：Sounds good.	**H**：いいね。
A：What do you want to do?	**A**：あなたは何をしたいの？
H：I want to go to a river.	**H**：川に行きたいな。
A：River? Why do you want to go to a river?	**A**：川。なぜ行きたいの？
H：I want to have BBQ. It's yummy.	**H**：バーベキューがしたい。おいしいよ。
A：Sounds great! Have a nice day.	**A**：いいね。良い1日を。

094

② 教師と児童が会話をする（3分）

5人の児童に "What do you want to do?" で質問して，この表現に慣れさせます。"want to do" でやりたい気持ちを表すことに気づかせていきます。7月の「31 夏祭りに行きたい？」で十分に教師と児童のやり取りの時間を設けたので，今回は児童同士が自由に会話をする時間に重点を置きます。

③ 1回目の Small Talk をする（1分30秒）

（Hello!　自己紹介　握手で始める）

S1：What do you want to do?
S2：I want to go to the sea.
S1：Oh, the sea! Sounds good.
　　Why do you want to go to the sea?
S2：I like swimming.
S1：Swimming? Me, too.
　　Have a nice day.
S2：How about you?
S1：I want to go to grandmother's house.
S2：Grandmother's house? Why?
S1：I want to play with my cousins.
S2：That's good. Have a nice day.

ここがポイント！

実際に行く予定がなくても，「やりたいこと」なので，誰もが自分の願いを自由に話せます。"That's good." "Have a nice day." を最後に言うようにします。

④ Discussion Time をする（2分）

⑤ 2回目の Small Talk をする（1分30秒）

9月

33 夏休みはどうだった？

【目的】どんな夏休みだったか話そう！

【場面】9月の朝の時間

【状況】夏休みを終えて久しぶりに友だちに会った時

　　夏休みを終えて久しぶりに友だちと会った時の会話です。久しぶりに会った時のあいさつの仕方を習得することをねらいます。内容は自由に話せるようにします。

① 導入する（2分）

H：Long time no see.	**H**：久しぶり。
A：Long time no see.	**A**：久しぶり。
H：How are you?	**H**：元気？
A：I'm great, and you?	**A**：すごく元気。あなたは？
H：I'm sleepy.	**H**：眠い。
A：Really? Take a rest.	**A**：休息したほうがいいよ。
H：How was your summer vacation?	**H**：夏休みどうだった？
A：It was fun!	**A**：楽しかった。
H：Oh, it was fun. What did you do?	**H**：楽しかったんだ。何したの？
A：I went to Osaka. I went to USJ!	**A**：大阪に行った。USJ に行った。
H：Wow! USJ! How exciting!	**H**：わーUSJ ね。興奮するね。
A：I had a good time! How about you?	**A**：楽しかったよ。あなたはどうだった？
H：I went to the Nagara River. I had BBQ!	**H**：私は長良川に行った。バーベキューをした。
A：Sounds great!	**A**：素晴らしいね。

096

(2) 教師と児童が会話をする（3分）

　友だちと久しぶりに会った時のあいさつを中心に話します。"Long time no see." は授業の最初に教えて，授業開始のいつものあいさつの後に，教師と児童，隣同士で "Long time no see." とあいさつをします。4月から7月は自己紹介で会話を開始していましたが，それに "How are you?" "I'm good, thank you. And you?" "I'm good." を加えて話すようにしていきます。この決まったルーティンで始めることで，さっと会話に入ることができリズムも生まれます。

A ： Long time no see.

S1 ： Long time no see.

A ： How was your summer vacation?

S1 ： Fun.

A ： I had fun.

S1 ： I had fun.

A ： What did you do?

S1 ： Sea.

A ： You went to the sea.

S1 ： Yes. I went to the sea.

> **ここがポイント！**
>
> "Long time no see." "How are you?" "I had a good time!" など久しぶりに友だちと会った時のあいさつを中心にして会話します。笑顔でテンポよくあいさつをするようにします。

(3) 1回目の Small Talk をする（1分30秒）

H ： まず "Long time no see." と言って握手をしましょう。そして，"How are you?" "I'm good, thank you. And you?" と気分を尋ね合ってから，会話を始めましょう。

(4) Discussion Time をする（2分）

(5) 2回目の Small Talk をする（1分30秒）

097

9月
34 夏休みにどこに行ったの？

【目的】友だちと夏休みに行った場所について話そう！

【場面】休み時間の雑談

【状況】友だちと楽しく話したい

夏休みに出かけた場所についての話題で 'where' を使うことをねらいます。行楽地に行っていない児童にも配慮して，身近な場所の例を示します。

① 導入する（2分）

（Hello!　自己紹介　握手　How are you? I'm good. で始める）

H：Where did you go on your summer vacation?	**H**：夏休みにどこへ行った？
A：I went to Osaka.	**A**：大阪に行ったよ。
H：What did you do in Osaka?	**H**：大阪で何をしたの？
A：I went to USJ.	**A**：USJ に行ったよ。
H：Wow, That's nice. Anything else?	**H**：いいね。他には？
A：I ate *takoyaki*. It was good!!	**A**：たこ焼き食べたよ。おいしかった。
H：That's awesome. I like it, too!!	**H**：いいね。私も好きだ。あなたはどこに行ったの？
A：What did you go?	**A**：What did you go?
H：I went to my cousin's house.	**H**：いとこの家に行った。
A：What did you do?	**A**：何をしたの？
H：I had BBQ, and I went to the pool.	**H**：バーベキューをした。プールにも行った。
A：Sounds fun. What else?	**A**：楽しそうだね。他には何したの？
H：I went to a shopping mall.	**H**：買い物に行った。

098

② 教師と児童が会話をする（3分）

5人の児童に "Where did you go on summer vacation?" "What did you do?" を使って話しかけます。最後の1人には，全員で尋ねるようにしてこれらの表現を慣れさせていきます。「I went to ＋場所.」「I ate ＋食べ物.」は単語で答えた児童に，正しい文をオウム返しするようにして慣れさせていきます。尋ねられた児童と一緒に，全員で正しい文を繰り返して言ってみるのも効果的です。

③ 1回目の Small Talk をする（1分30秒）

（Hello! 自己紹介 握手 How are you? I'm good. で始める）

S1 : Where did you go?
S2 : I went to Shizuoka.
S1 : That's nice.
　　 What did you do?
S2 : I ate *unagi*.
S1 : Sounds good.
　　（次にS2が尋ねて理由を聞く）

> **ここがポイント！**
>
> "Where did you go?" "What did you do?"「I went to＋場所.」「I ate＋食べ物.」は何度も聞いて使っていくうちに過去のことを尋ねる時に使う表現として，音で慣れさせていきます。

④ Discussion Time をする（3分）

話したい内容はあるけれど，うまく表現ができない児童が多い話題です。質問に応じながらイメージができる時に教えていくのが最適です。会話中に "Help!" と言って ALT や HRT を呼ぶ習慣をつけるようにしていきます。

⑤ 2回目の Small Talk をする（1分30秒）

35 昨日の夕ご飯は何を食べたの？

9月

【目的】昨日の夕ご飯について話そう！

【場面】朝の時間の雑談

【状況】友だちと楽しく話したい

過去形を使った表現に慣れさせることをねらいます。夏休みの話題から過去形を繰り返し使っていきます。

① 導入する（2分）

H：何を話しているか考えながら，先生とALTの会話を聞きましょう！

（Hello! 自己紹介 握手 How are you? のやり取りで始める）

H : What was your dinner yesterday?	H : 昨日の夕ご飯は何だった？
A : I ate sushi!!	A : 寿司を食べたよ。
H : Wow, sushi. Lucky you!! What is your favorite sushi?	H : わあ寿司。うらやましいな。 一番好きな寿司ネタは何？
A : Well … I like tuna.	A : うーんそうだな。マグロかな。
H : I like it too. But, I like samon too.	H : マグロ，私も好き。 でもサーモンも好きだな。
A : What did you eat?	A : あなたは何を食べたの？
H : I ate miso soup and grilled fish.	H : みそ汁と焼き魚。
A : Grilled fish. That's nice. What kind of fish was it?	A : 焼き魚。いいね。 どんな魚？
H : Sorry, I don't know.	H : ごめん。わからない。
A : I see. What was in miso soup?	A : そうか。みそ汁の具は何？
H : Tofu, fried tofu and welsh onion.	H : 豆腐とあげとねぎかな。
A : Wow, That's so healthy.	A : 健康的だね。

② 教師と児童が会話をする（3分）

5人の児童に"What was your dinner yesterday?"を使って話しかけます。「I ate ＋料理名.」で答えるようにします。味や具材などについて様々な質問を加えて，話の内容を膨らませていく様子を見せます。

A ： What was your dinner yesterday?
S1： I ate curry and rice.
A ： Oh, curry and rice.
　　That's nice.
　　What taste do you like?
S1： ….
A ： Spicy?　Sweet?
S1： I like spicy.
A ： What was in curry?
S1： Potato, carrot, onion and beef.
A ： Oh, you like beef curry.
　　Me, too.

ここがポイント！

"What was 〜?" "I ate 〜."の過去の表現をすらすらと使えるようになることをねらいます。料理名は日本語のままでいいことにします。味や具材などさらに質問できるように様々な質問の例を示します。

③ 1回目の Small Talk をする（1分30秒）

④ Discussion Time をする（3分）

H： 言えなかった表現はないかな？　　S2： 味の聞き方がわからなかった。
H： 味は？　　S3： Taste.
H： どんな味は？　　S4： What taste?　　H： それでも尋ねられるね。

⑤ 2回目の Small Talk をする（1分30秒）

9月
36 週末は何していたの？

【目的】友だちと週末の出来事について話そう！
【場面】休み時間の雑談
【状況】友だちと楽しく話したい

　　過去の表現を使う話題が続いています。今回の週末の出来事は児童の日常会話でもよく話される話題なので，会話のリズムを楽しむことをねらいます。

① 導入する（2分）

（Hello!　自己紹介　握手　How are you? のやり取りで始める）

H：What did you do on the weekend?	**H**：週末は何していたの？
A：I played soccer.	**A**：サッカーしていたよ。
H：Are you in soccer club?	**H**：サッカークラブに入っているの？
A：Yes, I am.　We had a game.	**A**：入っているよ？　試合をしたんだ。
H：How was it?	**H**：どうだった？
A：We won the game.　I scored a goal.	**A**：勝ったよ。　1点入れたよ。
H：Wow!　That's cool.	**H**：すごいね。かっこいいね。
A：How about you?	**A**：あなたは何していたの？
H：I played games.	**H**：ゲームをしていたよ。
A：What kind of game did you play?	**A**：どんなゲームをしていたの？
H：I played Pokémon GO.	**H**：ポケモンゴーをやってた。
A：Oh, Pokémon GO!!　I play it too.	**A**：ポケモンゴーね。私もやるよ。

102

(2) 教師と児童が会話をする（3分）

「何もしなかった」という児童も必ずいるので，日常の出来事で例を示します。5人の児童に "What did you do on the weekend?" を使って話しかけます。"I played video games." "I watched TV." と答えたい子が多いので，'played' 'watched' は教えておきます。"I watched TV." など，出かけたことでなくてもいいので，リズムよく会話を楽しむことを大切にします。

(3) 1回目の Small Talk をする（1分30秒）

（Hello! 自己紹介 握手 How are you? のやり取りで始める）

S1：What did you do on the weekend?

S2：I watched TV.

S1：Oh, TV. What TV show?

S2：I watched イッテ Q.

S1：Wow! イッテ Q. Me, too.

（次にS2が尋ねて理由を聞く）

ここがポイント！

週末の出来事を話題に設定しているので，"What did you do?" "How was it?" "Why?" と言える範囲の短い文で話してもよいことにして，間を空けず自然に近い会話ができるようにします。

(4) Discussion Time をする（3分）

自然な会話に近づくために必要な，会話をつなぐ表現を復習します。

"Wow! 繰り返す" "That's nice." "How was it?" "Let me see." "Cool!"（Cool! は ALT がよく使っていた表現なので，私の授業では，迷った時は取りあえず "Cool!" と反応する子が多かったです。）

(5) 2回目の Small Talk をする（1分30秒）

103

9月

37 あなたの宝物は何？

【目的】友だちに自分の宝物を紹介しよう！
【場面】休み時間の雑談
【状況】友だちと楽しく話したい

　　　自分の大切なものを紹介する話題です。友だちの気持ちを受け止めて反応することを大切にします。

① 導入する（2分）

（Hello!　自己紹介　握手　How are you? のやり取りで始める）

H : What is your treasure?	**H** : あなたの宝物は何ですか？
A : *Syamisen* is my treasure.	**A** : 三味線です。
H : *Syamisen*? What a surprise! Why is it your treasure?	**H** : 三味線？　驚いた！　なぜそれが宝物なの？
A : I bought it in America. Since then, I've been using it so carefully for 10 years.	**A** : アメリカで買いました。それから10年間大切に使っています。
H : That's amazing. You use it so carefully.	**H** : すごいね。　大事にしているんだね。
A : What is your treasure?	**A** : あなたの宝物は何ですか？
H : Well, my family is my treasure.	**H** : うーん。そうだな。家族かな。
A : Family. Why is it your treasure?	**A** : 家族か。どうして宝物なの？
H : They are so kind and help me.	**H** : やさしいし，私を助けてくれる。
A : How many members are in your family?	**A** : あなたは何人家族なの？
H : Five and one cat.	**H** : 5人と猫1匹。
A : It sounds fun.	**A** : 楽しそうだね。

104

② 教師と児童が会話をする（3分）

　5人の児童に "What is your treasure?" と話しかけます。どの子もすぐには思いつかないようなので，いくつかの例を示しながら，考える時間を設けます。"My treasure is a game soft." "My treasure is a piano." "My treasure is a soccer ball." "My treasure is my pet." "My treasure is my friend." "My treasure is my family."

③ 1回目の Small Talk をする（1分30秒）

　（Hello!　自己紹介　握手　How are you? のやり取りで始める）

S1：What is your treasure?

S2：My treasure is 望遠鏡.

S1：That's amazing.

> **ここがポイント！**
>
> 　反応する言葉は，教師と児童の会話で教師が使うごとに，黒板に掲示して印象づけます。一度にたくさん反応を書いた表を掲示するのではなく，一つ一つ示していくことがコツです。いろいろな表現を使っていきながら身に付けさせていきます。

④ Discussion Time をする（3分）

H：驚いた時 "Really?" 以外の反応を使ってみた人はいますか？

S："What a surprise!" "That's amazing." "No kidding!"

H：相手を大切に思う気持ちを伝えるために，まず，「くり返し」をしましょう。そしてほめる言葉を加えましょう。"It sounds fun." "That's nice." 「I'm so jealous. は超うらやましい。」という感じかな？　次の会話では，さきほどと違う反応の表現を使ってみましょう。

⑤ 2回目の Small Talk をする（1分30秒）

105

9月

38 お気に入りのアニメは何？

【目的】友だちとお気に入りのアニメについて話そう！

【場面】休み時間の雑談

【状況】友だちと楽しく話したい

　好きなアニメは児童の興味に合った話題です。誰もが話しやすいので会話が盛り上がります。質問を重ねて，内容を深めていく会話をねらいます。

---

① 導入する（2分）

（Hello!　自己紹介　握手　How are you? のやり取りで始める）

H：I watched many movies during summer vacation.	**H**：夏休みにたくさん映画を見たよ。
A：What kind of movies do you like?	**A**：どんな映画が好きなの？
H：I like anime.	**H**：アニメが好きだ。
A：Me, too.	**A**：私も，アニメ好きだな。
H：What anime do you like?	**H**：どんなアニメが好き？
A：I like Naruto.	**A**：ナルトが好きなんだ。
H：That's nice. I like it too. Why do you like it?	**H**：いいね。私も好きだよ。 なぜ好きなの？
A：Naruto is so cool. He will not give up anytime. What anime do you like?	**A**：ナルトがかっこいいね。 どんな時もあきらめないから。 あなたは何が好き？
H：I like Pokémon.	**H**：ポケモンが好きだ。
A：Why do you like it?	**A**：どうして好きなの？
H：Many kinds of Pokémon are in the movie. So it's fun.	**H**：いろいろなポケモンが出てきて 面白いから。

106

② 教師と児童が会話をする（3分）

　5人の児童に "What anime do you like?" を使って話しかけます。"I like 〜." という答えを聞いた後に "Why do you like it?" と理由を尋ねます。"It's fun." と答える子が多いので，さらに "What character do you like?" と質問を続けて話の内容を膨らませていく様子を見せます。

③ 1回目の Small Talk をする（1分30秒）

（Hello!　自己紹介　握手　How are you? のやり取りで始める）

- **S1**：What anime do you like?
- **S2**：Let me see! I like *Gintama*.
- **S1**：Oh, *Gintama*. Me, too.
  Why do you like it?
- **S2**：Because it's fun.
- **S1**：What's your favorite character?
- **S2**：I like Sakata Gintoki.
- **S1**：Sakata Gintoki. So so.
  I like Madao.
- **S2**：Madao. Really?

（尋ねる人と答える人が交代する）

ここがポイント！

"Why do you like it?" "What's your favorite character?" "Did you watch new movie?" などもっと聞きたい気持ちがあふれてきます。"Help!" と会話中に教師を呼ぶようにして新しい質問の表現をその場で使わせていきたいです。

④ Discussion Time をする（3分）

⑤ 2回目の Small Talk をする（1分30秒）

9月

㊴ 今夢中になっていることは？

【目的】友だちと今夢中になっていることを話そう！

【場面】休み時間の雑談

【状況】友だちと楽しく話したい

興味のある話題で楽しく語ることができます。自然に近い会話になるように短い文でも構わないのでやり取りのリズムを大切にします。

① 導入する（2分）

H：何を話しているか考えながら，先生と ALT の会話を聞きましょう！

（Hello!　自己紹介　握手　How are you? のやり取りで始める）

H：What are you into now?	H：あなたが今夢中になっていることは何？
A：Well, playing piano.	A：ピアノを弾くことかな。
H：Piano, that's cool.	H：ピアノね。いいね。
A：When did you start it?	A：いつそれを始めたの？
H：Five years ago.	H：5年前に始めた。
A：Why do you like it?	A：どうして好きなの？
H：It is fun to be able to play a lot of songs.	H：いろんな曲が弾けるようになると楽しいから。
A：How about you?	A：あなたはどう？
H：Cooking!	H：料理！
A：What kind of dishes do you like to cook?	A：どんな料理を作るのが好きなの？
H：I like cooking sweets.	H：お菓子を作るのが好き。
A：That's nice. Can you cook it for me next time?	A：お菓子。いいね。今度作って。
H：Sure!	H：いいよ。

② 教師と児童が会話をする（3分）

　5人の児童に "What are you into now?" を使って話しかけます。このフレーズに慣れさせるために，3人目からはクラス全員で1人の子に問いかけるように発話するといいです。"Why do you like it?" と理由を尋ねたり，"When did you start it?" と尋ねたりして，話の内容を膨らませていきます。この時の答え方 "Five years ago." は初めて使う表現なので教えておきます。

③ 1回目の Small Talk をする（1分30秒）

（Hello! 自己紹介 握手 How are you? のやり取りで始める）

S1：What are you into now?
S2：I am into skateboarding.
S1：Oh, skateboarding. Cool!
　　Why do you like it?
S2：Because it's fun.
S1：Sounds good.
　　When did you start it?
S2：Two years ago.
S1：I see.
　（次にS2が尋ねて理由を聞く）

ここがポイント！

'when' は Small Talk であまり使う機会がないため定着しにくい表現です。"When did you start it?" は何度か練習した後，「ぜひ使ってみよう！」と呼びかけましょう！

④ Discussion Time をする（3分）

⑤ 2回目の Small Talk をする（1分30秒）

40 縄跳び大会で頑張りたいことは？

9月

【目的】縄跳び大会で頑張りたい気持ちを話そう！

【場面】休み時間の雑談

【状況】これから行事に取り組んでいく時期

秋の行事に関連した話題です。文化祭がある学校はそれに合わせた内容に変えてください。6月の「17　運動会で頑張りたい種目は？」で習った表現を思い出しながら繰り返し使って定着を図ります。

① 導入する（2分）

（Hello!　自己紹介　握手　How are you? のやり取りで始める）

H：We have a jump rope festival.	**H**：縄跳び大会があるんだ。
A：I am good at jump rope.	**A**：縄跳びは得意だよ。
H：That's great.	**H**：いいね。
A：Can you jump rope well?	**A**：あなたはうまくできる？
H：No, I can't. But I want to work hard it.	**H**：できない。 でも頑張りたい。
A：What event do you want to work hard?	**A**：どの種目を頑張りたいの？
H：Double jump.	**H**：二重跳び。
A：I can double jump well. I can teach you.	**A**：二重跳びうまくできるよ。 教えてあげるよ。
H：Thank you. I want to work hard large jump.	**H**：ありがとう。 大縄跳びも頑張りたいんだ。
A：It is fun. Because we can jump together. You can do it.	**A**：楽しいよね。みんなで一緒に跳ぶからね。頑張ってね。

② 教師と児童が会話をする（3分）

　最初に縄跳びの種目について紹介します。「double jump（二重跳び）」「speed step（駆け足跳び）」「criss-cross（あや跳び）」「large jump（大縄跳び）」この英語表現は使ってみたいと思う子は選択して使うことにします。種目名は，ジェスチャーをつけて「二重跳び」というように，日本語でもよいことにします。「相手に頑張りたい気持ちを伝えること，相手を励ます気持ちを伝えることが大切です。」と会話の目的を説明します。

③ 1回目の Small Talk をする（1分30秒）

（Hello!　自己紹介　握手　How are you? のやり取りで始める）

- **S1**：Can you double jump?
- **S2**：Yes, I can.
- **S1**：Cool.
- **S2**：How many times can you do it?
- **S1**：55 times.
- **A**：Wonderful!
  What event do you want to work hard?
- **S1**：Large jump.
- **A**：Good luck!

> **ここがポイント！**
> "Do your best!" "You can do it!" "Good luck!" など相手を励ます表現をもう一度復習して，使えるようにしていきます。相手を思う気持ちを伝え合うことを大切にします。

④ Discussion Time をする（3分）

⑤ 2回目の Small Talk をする（1分30秒）

111

10月

41 どんな秋の食べ物が好き？

【目的】友だちと好きな秋の食べ物について話そう！

【場面】休み時間の雑談

【状況】友だちと楽しく話したい

秋はいろいろな食べ物がおいしい季節です。秋の味覚について楽しく会話ができます。

① 導入する（2分）

（Hello!　自己紹介　握手　How are you? のやり取りで始める）

H : It got cooler.	**H** : 涼しくなったね。
A : Yeah. Autumn is coming.	**A** : そうだね。もう秋だね。
H : Do you like Autumn?	**H** : 秋は好き？
A : Yes, I do.	**A** : 好きだよ。
H : Why do you like it?	**H** : どうして好きなの？
A : Because I can eat delicious foods.	**A** : おいしい食べ物が食べられるから。
H : What kind of food in autumn do you like?	**H** : どんな秋の食べ物が好き？
A : I like pacific saury. But I like fruits, too.	**A** : サンマが好きだな。でも果物も好きだよ。
H : What kind of fruit in autumn do you like?	**H** : どんな秋の果物が好き？
A : I like chestnuts, especially *kurikinton*.	**A** : 栗が好きだな。特に栗きんとん。
H : Oh, *kurikinton*. Why do you like it?	**H** : 栗きんとんね。どうして好きなの。
A : Because it is sweet and soft.	**A** : 柔らかくて，甘いから。
H : Yes, it is. I want to eat it.	**H** : そうだね。食べたくなったな。

112

② 教師と児童が会話をする（3分）

5人の児童に "What kind of food in autumn do you like?" を使って話しかけます。"Why do you like it?" と理由を尋ねた後，答えと，児童が言いたい食感や味を表す形容詞を教えていきます。「soft（やわらかい），chewy（モチモチした・噛み応えのある），moist（しっとり），creamy（クリーミー），crisp（パリッとした），crunchy（バリバリ・ボリボリ），juicy（ジューシー），jiggly（ぷるぷる）」「sweet（甘い），sour（酸っぱい），hot（辛い），salty（しょっぱい）」「yummy（おいしい），delicious（おいしい）」フルーツは英語で言うようにしますが，他の食べ物は，日本語のままでもよいことにします。

③ 1回目の Small Talk をする（2分）

（Hello! 自己紹介 握手 How are you? のやり取りで始める）

S1：What kind of food in autumn do you like?
S2：Let me see! I like *matsutake*.
S1：*Matsutake*. Really? Why do you like it?
S2：It smells good.

ここがポイント！

味や食感を表す形容詞を使わせていくことをねらいます。言いたい時に "Help!" と質問させてその場で教えて使わせていくようにします。

④ Discussion Time をする（2分）

⑤ 2回目の Small Talk をする（2分）

10月

42 この町の名物は何？

【目的】友だちとこの町の名物について話そう！
【場面】休み時間の雑談
【状況】外国の観光客に勧めるとしたら

　食べ物についての話題を続けて，使える形容詞を定着させることをねらいます。観光客にお勧めする町の名物の説明ができるようにします。

① 導入する（2分）

（Hello!　自己紹介　握手　How are you? のやり取りで始める）

H : The number of the foreigner tourists has increased recently.	H : 最近，外国人観光客が増えたね。
A : Yes, it has. What famous souvienir in this city would you recommend to tourists?	A : そうだね。観光客にお勧めするこの町の名物は何？
H : Maybe, Ayu-gashi?	H : 鮎菓子かな？
A : Ayu-gashi? What is it?	A : 鮎菓子？　何それ。
H : It is sweets in the shape of ayu. It is chewy inside, and it is fluffy outside.	H : 鮎の形をしたお菓子だよ。中がもっちり，外がふわふわ。
A : What kind of taste is it?	A : どんな味なの？
H : It is so sweet.	H : 甘いよ。
A : I want to eat it. Anything else?	A : 食べてみたいな。他には？
H : Persimmon.	H : 柿だよ。
A : I see, persimmon.	A : へー。柿なんだ。
H : You must try it!	H : 食べてみてね。

114

② 教師と児童が会話をする（3分）

まず，ALT と HRT の会話の内容についてわかったことを発表させます。
H：どんなことを話していた？ 'famous souvienir' は何だろう？
S1：鮎菓子とか柿とか言ってたから，名物？
H：そうです。今日は，この町で外国人観光客と出会った時，お勧めする名物を話してみよう！

"What is the famous souvienir?" と5人の児童に尋ねます。3人目からはクラス全員で1人の子に問いかけてこのフレーズに慣れるようにします。"What is it?" "What taste is it?" "Do you like it?" "What else?" など，質問を重ねて話の内容を膨らませます。最後は "You must try it!" と全員で言うようにします。

③ 1回目の Small Talk をする（2分）

（Hello! 自己紹介 握手 How are you? のやり取りで始める）

S1：What is the famous souvienir?
S2：Let me see! Soy beans.
S1：Oh, soy beans.
　　What is it?
S2：It's delicious.
　　Boiled soybeans are good.
S1：What else?
（話題を続けていく）

ここがポイント！

名物はいろいろあるので "Anything else?" "What else?" を使ってさらに質問をするようにします。最後に必ず "You must try it!" と笑顔で言って終わることを約束にします。

④ Discussion Time をする（2分）

⑤ 2回目の Small Talk をする（2分）

10月 43 野外学習で 楽しみなことは？

【目的】友だちと野外学習で楽しみなことを話そう！

【場面】休み時間の雑談

【状況】野外学習に行く前日

野外学習は大きな行事であるため，それに向けた準備の取り組みが続き，児童の関心の高い話題です。楽しみな気持ちを何とか伝えたいと，話す意欲が高まります。

① 導入する（2分）

（Hello!　自己紹介　握手　How are you? のやり取りで始める）

H :	Tomorrow we are going camping, right?	**H** :	明日はキャンプだよね？
A :	Yes, that's right! I can't wait!	**A** :	そうだよ。楽しみだな。
H :	What do you like about camping?	**H** :	キャンプで何が好き？
A :	Hmm, let me see. We can make curry at camping.	**A** :	うーん。そうだなー。カレーが作れること。
H :	Can you make curry well?	**H** :	カレーうまく作れるの？
A :	Yes, I can. It's easy.	**A** :	できるよ。簡単だよ。
H :	Cool! Let's make curry together.	**H** :	いいね。一緒に作ろうね。
A :	What do you like about camping?	**A** :	あなたはキャンプで何が好き？
H :	At camp, I can sleep with my friends.	**H** :	キャンプで，友だちと一緒に寝られること。
A :	Yes! I think so too.	**A** :	そうだね。私もそう思う。
H :	And we can sing and dance at the camp fire!	**H** :	それと，キャンプファイヤーで歌ったり踊ったりできる。
A :	Sounds good. It's very fun!	**A** :	いいね。楽しいね。

② 教師と児童が会話をする（3分）

5人の児童に "What do you like about camping?" と尋ねます。児童が「I like カレーを作ること．」と思わず日本語で答えてしまったら，その都度 "I like making curry." や "We can making curry." と言い直して，"We can 〜 ." で答えていけばよいことに気づかせていきます。"making curry" "making camp fire" "doing orienteering" など，主な活動の言い方は教えます。

③ 1回目の Small Talk をする（2分）

（Hello! 自己紹介 握手 How are you? のやり取りで始める）

S1： What do you like about camping?
S2： I like doing orienteering.
S1： Oh, orienteering.
　　 Why do you like it?

S2： Because it's fun.
　　 We can climb mountain.
S1： I think so too.
　　 I can't wait.
　　 What else?
　　 （会話を続ける）
（次にS2が尋ねて理由を聞く）

ここがポイント！

「同じ気持ちだよ。」という思いを伝える表現として "I think so too." "I can't wait.（待ちきれない）" をこの機会に使っていくように呼びかけます。活動名は日本語のままでも構わないので，「楽しみだね」という気持ちを伝え合うことを大切にします。

④ Discussion Time をする（2分）

⑤ 2回目の Small Talk をする（2分）

117

10月

44 野外学習の思い出を話そう！

【目的】友だちと野外学習の思い出について話そう！

【場面】休み時間の雑談

【状況】友だちと楽しく話したい

野外学習を終えて，楽しかった思い出を語り合う話題です。児童の話したいという気持ちを大切にしてテンポよく会話することをねらいます。

1 導入する（2分）

（Hello!　自己紹介　握手　How are you? のやり取りで始める）

H：Camping was fun.	**H**：キャンプ楽しかったね。
A：Yes, it was. What is your best memory of camping?	**A**：そうだね。キャンプの一番の思い出は何？
H：Orienteering.	**H**：オリエンテーリングだな。
A：Why is it your best memory?	**A**：どうして？
H：Because climbing mountain and eating *bento* was really nice.	**H**：山に登って，お弁当を食べたから。
A：Me, too. It was fun.	**A**：そうだね。楽しかった。
H：How about you?	**H**：あなたの一番の思い出は？
A：My best memory is cooking the curry rice.	**A**：カレーを作ったこと。
H：Why is it your best memory?	**H**：どうして？
A：We couldn't make fire, but our group cooperated well.	**A**：火がうまくつかなかった。でも，グループで協力してできたんだ。
H：That's nice. Was the curry rice delicious?	**H**：いいね。カレーはおいしかった？
A：Yes. It was so delicious!!	**A**：とてもおいしかったよ。

118

②　教師と児童が会話をする（3分）

"What is your best memory of this camping?" で尋ねます。"My best memory is making camp fire." と現在形で答えることができますが，"Why is it your best memory?" で理由を尋ねた後，答え方を過去形にしなければならないので難しいです。"It was fun." "It was exciting." "I felt really good." など簡単に気持ちを表す例をいくつか示して，選択して使えるようにします。

③　1回目の Small Talk をする（2分）

（Hello!　自己紹介　握手　How are you? のやり取りで始める）

S1：What is your best memory?

S2：My best memory is taking a bath.

S1：Oh, taking a bath. Sounds fun.

（次にＳ２が尋ねて理由を聞く）

ここがポイント！

　前回の「野外学習で楽しみなことは？」とほぼ同じ単語を使うことができるので，リズムよく会話ができます "What is your best memory?" を使うことで現在形でやり取りができます。

④　Discussion Time をする（2分）

　児童は「協力してカレーを作っておいしかった。」など様子を詳しく話そうとします。

　「"We worked together well."（協力した），"We made curry."（カレーを作った），"The curry was good."（カレーはおいしかった）」など，短い文で表現する例を示します。

⑤　2回目の Small Talk をする（2分）

10月

45 修学旅行で楽しみなことは？

【目的】修学旅行を楽しみに思う気持ちを話そう！
【場面】休み時間の雑談
【状況】修学旅行が近づいた時期

修学旅行を楽しみにしている気持ちを伝え合う話題です。児童の関心の高い話題で楽しくリズムよく会話することをねらいます。

---

① 導入する（2分）

（Hello!　自己紹介　握手　How are you? のやり取りで始める）

H：We will go on a school trip soon.	**H**：もうすぐ修学旅行に行くんだ。
A：I can't wait.	**A**：待ちきれないよ。
What do you want to do?	修学旅行でしたいことは何？
H：I want to buy presents.	**H**：お土産を買うこと。
A：That's nice. Who will you buy presents for?	**A**：いいね。誰に買うつもり？
H：For my family.	**H**：家族に買うよ。
A：What do you want to see?	**A**：一番見たいものは？
H：Kinkakuji.	**H**：金閣寺だな。
A：Why do you want to see?	**A**：どうして？
H：I think it is gold and beautiful.	**H**：金色で，きれいだと思う。
A：What do you want to eat there?	**A**：京都で何食べたい？
H：*Yatsuhashi*.	**H**：八ツ橋だよ。
A：*Yatsuhashi*? I don't know it.	**A**：八ツ橋？　知らないな。
H：Please try it!	**H**：食べてみて。

120

② 教師と児童が会話をする（3分）

クラス全員で1人の子に "We will go on a school trip soon." と呼びかけます。呼びかけられた子は "I can't wait." と答えます。今日はこのお決まりの会話でスタートすることにします。その後教師が "What do you want to do?" "Who do you want to buy presents for?" "Why do you want to see it?" を使って質問を続けます。

③ 1回目の Small Talk をする（2分）

（Hello! 自己紹介 握手 How are you？でやり取りを始める）

S1：We will go on a school trip soon.

S2：I can't wait!

S1：What do you want to do?

S2：I want to see Nijo castle.

Why do you want to see it?

S2：I want to listen to *Uguisu-bari*.

Please try it.

（次にS2が尋ねて理由を聞く）

ここがポイント！

"We will go on a school trip soon." "I can't wait!" は気持ちを込めて使える表現なので，このやり取りで会話を始めて気持ちを高めるようにします。児童の関心を大切にした話題なので，笑顔で楽しく会話できます。

④ Discussion Time をする（2分）

質問で多かった「誰にお土産を買うつもりか。"Who do you want to buy presents for?"」は難しい表現なので，言えなかった場合は "For who?" でもこの状況では伝わることを話します。

⑤ 2回目の Small Talk をする（2分）

10月
46 修学旅行で外国人観光客に自分の町の紹介をしよう！

【目的】外国人観光客に紹介したいことを交流しよう！
【場面】修学旅行先
【状況】外国人観光客に会った時

　　修学旅行で外国人観光客に自分の町の紹介をします。友だちはどんなことを紹介するかを交流し合うことをねらいます。

① 導入する（2分）

H：何を話しているか考えながら，先生と ALT の会話を聞きましょう！
（Hello! 自己紹介 握手で始める）

H：I want to introduce my city to foreigners on my school trip. I want them to visit my city.	**H**：修学旅行で外国の人に会ったら，私の町のことを紹介したいな。私の町にも観光に来てほしい。
A：What do you want to introduce about your city?	**A**：この町の何を紹介したいの？
H：There is Gifu castle on the top of the mountain.	**H**：岐阜城が山の頂上にあること。
A：The castle is so nice.	**A**：お城きれいだよね。
H：You can see a nice view from there. Oda Nobunaga lived there.	**H**：きれいな景色が観れる。織田信長が住んでいた。
A：Yeah, that's amazing. What else?	**A**：そうだね。すごいよね。他には？
H：Nagara River is so beautiful. You can see *ukai* on the river.	**H**：長良川がきれい。川で鵜飼が見られる。
A：Do your best introducing our city.	**A**：頑張って私たちの町を紹介してね。

122

② 教師と児童が会話をする（3分）

H：修学旅行で外国人観光客にこの町の紹介をします。自分の紹介したいことは決めていますね。今日の Small Talk では片方が外国人観光客になって友だちがどんなことを紹介するのか聞きましょう。

　5人の児童に "What do you want to introduce about my city?" と尋ねて，その児童の説明に "Good!" "That's nice!" とクラス全員が声をかけて，自信を持たせるようにします。

③ 1回目の Small Talk をする（2分）

S1：Excuse me.
S2：Sure.
S1：May I introduce Gifu city to you?
S2：O.K.
S1：There is Mt. Kinka in Gifu city.
S2：Oh, Mt. Kinka.
S1：You can go to top by ropeway.
　　You can see a nice view.
　　You can see squirrels.
　　Please come to Gifu city.
S2：O.K. Sounds good.
　（外国人観光客役を交代する）

ここがポイント！

外国人観光客に話しかけたいけれど，なかなか第一声が出ない子が多いです。"Excuse me." "May I introduce Gifu city to you?" と，話しかける言葉や相手の気持ちを尋ねるマナーを必ず教えておきます。

④ Discussion Time をする（2分）

⑤ 2回目の Small Talk をする（2分）

10月
47 修学旅行で一番楽しかったことは？

【目的】友だちと修学旅行の思い出について話そう！
【場面】休み時間の雑談
【状況】修学旅行が終わった直後

　修学旅行が終わった後に思い出を語り合う話題です。話したい気持ちが高まっているので楽しく会話できます。

1 導入する（2分）

（Hello!　自己紹介　握手　How are you? のやり取りで始める）

H：The school trip was fun.	**H**：修学旅行は楽しかった。
A：What is your best memory of the school trip?	**A**：何が一番の思い出？
H：Seeing *Daibutsu* in Nara.	**H**：奈良の大仏を見たこと。
A：Why is it your best memory?	**A**：どうして？
H：It was so big and impressive.	**H**：すごく大きかった。迫力があった。
A：That's great.　What else?	**A**：いいね。他には？
H：Feeding the deer.	**H**：シカに餌をやったこと。
A：Wow, that's amazing.	**A**：すごいね。
H：I was scared.　I was chased.	**H**：怖かった。シカに追いかけられた。
A：It was scary.　Could you sleep well in the night?	**A**：それは怖いね。夜は寝られた？
H：No, I could't.	**H**：寝られなかった。
A：Why?	**A**：どうして？
H：I told scary stories with my friends.	**H**：友だちと怖い話をしていたから。
A：Wow!　That sounds interesting.	**A**：わあ。楽しいね。

124

② 教師と児童が会話をする（3分）

5人の児童に "What is your best memory of the school trip?" を使って話しかけ，さらに "Why is it your best memory?" と理由を尋ねます。理由は過去形になるため，いくつかの例を示して，その中から選択して答えられるようにします。"I was fun." "It was so big." "It was so beautiful." "I got many presents."

③ 1回目の Small Talk をする（2分）

(Hello! 自己紹介 握手 How are you? のやり取りで始める)

S1 ： What is your best memory of the school trip?
S2 ： Kyoto Tower.
S1 ： Why?
S2 ： I got many presents.
S1 ： Sounds good.
（次にS2が尋ねて理由を聞く）

ここがポイント！

伝えたい気持ちを大切にして，知っている単語をつなぎ合わせて，ジェスチャーで伝え合う機会とします。相手の話に対して，"That's nice." "Wow!" "That's amazing." など必ず反応するように話します。

④ Discussion Time をする（2分）

いろいろなエピソードもあり，話したいことがたくさんあるようです。文法や表現方法にあまりこだわらず，知っている単語とジェスチャーで伝え合うよい機会です。全体の質問では，多くの児童が表現したい文を扱います。

⑤ 2回目の Small Talk をする（2分）

10月
48 先生当てクイズをしよう！

【目的】友だちと先生当てクイズをしよう！
【場面】休み時間の雑談
【状況】友だちと楽しく話したい

　　　先生当てクイズは児童が楽しんでできる話題です。男性は 'he'，女性は 'she' を意識して使い分けられるようになることをねらいます。

① 導入する（2分）

（Hello!　自己紹介　握手　How are you? のやり取りで始める）

H：Let's do the who is the teacher quiz.	**H**：「先生当てクイズ」をしようよ。
A：O.K.	**A**：いいよ。
H：I'll give you three clues. She likes doing yoga. She is good at cooking. She is good at singing. Who is she?	**H**：3つヒントを出します。 彼女はヨガが好きです。 彼女は料理が得意です。 彼女は歌がうまいです。 誰でしょう？
A：One more hint, please.	**A**：もう一つヒントを出して。
H：O.K, this is a special hint. She teaches calligraphy.	**H**：特別なヒントね。 彼女は習字を教えています。
A：I got it. She is Yoshida.	**A**：わかった。吉田先生だ。
H：That's right. Next. He can ride unicycle. He is good at soccer. He teaches P.E. Who is he?	**H**：正解。次ね。 彼は1輪車に乗れます。 サッカーが得意です。 体育を教えています。誰でしょう？
A：That's easy. He is Kato.	**A**：これは簡単。加藤先生。

126

② 教師と児童が会話をする（3分）

教師がクラス全員に対して出題して，わかった児童が発表します。"He (She) is 〜." "He(she) can 〜." "He (She) is good at 〜." などの表現を使って3つのヒントを出し，"Who is he(she)?" と尋ねます。

"He(she) has 〜." は使いたい児童が多いので，必要に応じて教えておきます。この時，人物の特徴を表す形容詞をいくつか紹介しておきます。

「kind, tender, gentle, cool, smart, active, intelligent, handsome, friendly」

③ 1回目の Small Talk をする（2分）

（Hello!　自己紹介　握手　How are you? のやり取りで始める）

S1：She is kind.

She can eat lunch fast.

She has a big voice.

Who is she?

S2：One more hint, please.

S1：She is young.

S2：I got it.　She is Ms. Ishida.

S1：That's right.

（次にＳ2が尋ねて理由を聞く）

> **ここがポイント！**
>
> クイズの重要な手掛かりになるため，主語の 'he' 'she' の音を注意して聞き分けようとします。'can' を使うことによって，3単元の s をつけることを避けられます。"One more hint, please." "I got it." "That's right." も使わせていきます。

④ Discussion Time をする（2分）

⑤ 2回目の Small Talk をする（2分）

11月

49 友だちの服装をほめよう！

【目的】友だちにあなたが似合うと思う色を伝えよう！
【場面】休み時間の雑談
【状況】友だちが新しい上着を買おうとしている時

着ている服について話すことはよくあります。絶対にほめることを前提とします。好きな色を尋ねる既習表現を繰り返し使うことをねらいます。

① 導入する（2分）

H：何を話しているか考えながら，先生と ALT の会話を聞きましょう！
（Hello! 自己紹介 握手 How are you? のやり取りで始める）

H：Your jacket is nice!	H：あなたの上着すてきですね。
A：Thank you. It's a new jacket.	A：ありがとう。新しい上着なんだ。
H：Blue matches you. 　　Do you like blue?	H：青色似合うね。 　　青色好きなの？
A：Yes, I do. My favorite color is blue. 　　Your pants look cool.	A：うん。一番好きな色は青なんだ。 　　あなたのズボンもかっこいいね。
H：Thank you.	H：ありがとう。
A：Do you like black?	A：黒色好きなの？
H：No I don't. 　　But I like black pants.	H：好きじゃない。 　　でも黒いズボンは好き。
A：If you buy new pants, what color 　　do you want?	A：もし新しいズボンを買うとした 　　ら，何色がいい？
H：Let me see. I want to get yellow.	H：そうだな。黄色がいいな。
A：I think yellow matches you.	A：黄色似合うと思うよ。

128

② 教師と児童が会話をする（3分）

"If you buy a new winter jacket, what color do you want?" と，「新しい冬のジャケットを買うとしたら，どんな色が欲しいか？」という設定で会話することを話します。次に色の言い方を絵カードを使って復習します。「今日は，友だちはどんな色が似合うか提案することが目的です。最初に相手の今日の服をほめましょう。最後に必ず『I think ＋色＋ matches you.』で自分の考えを伝えましょう。」と説明します。

③ 1回目の Small Talk をする（2分）

（Hello!　自己紹介　握手　How are you? のやり取りで始める）

S1：Your sweater is cool.

S2：Thank you.

S1：What color jacket do you want?

S2：I want a gray jacket.

S1：Why do you want it?

S2：Because it's cool.

S1：I see. I think gray matches you.
　　（次にS2が尋ねて理由を聞く）

ここがポイント！

　好きな色については以前にも話題にしましたが，「あなたに似合う色」という条件をつけることで，また違った色についての話になります。「I think＋色＋matches you.」の表現を必ず使うようにして "I think 〜." の表現に慣れさせていきます。

④ Discussion Time をする（2分）

S3：青いパンツに合わせたいから。

H：I think a gray Jacket match blue pants.

⑤ 2回目の Small Talk をする（2分）

129

11月 50 長野旅行は夏がいいか？冬がいいか？

【目的】友だちに長野旅行に行くなら夏がいいか冬がいいか相談しよう！

【場面】休み時間の雑談

【状況】長野旅行のチケットがプレゼントされた時

　"Which 〜 A or B?" の表現を使うことに慣れさせることがねらいです。「長野旅行では？」と設定することでイメージしやすくなります。

① 導入する（2分）

H：何を話しているか考えながら，先生と ALT の会話を聞きましょう！

（Hello!　自己紹介　握手　How are you? のやり取りで始める）

H：I received a ticket to Nagano.	H：長野旅行のチケットがプレゼントされたんだ。
A：That's awesome. 　　When will you go to Nagano?	A：いいね。 　　いつ行くの？
H：Any time is fine in one year. 　　Which season do you want to go, 　　in summer or winter?	H：1年間いつでもいいんだ。 　　長野旅行は，夏か冬かどっちに行きたい？
A：I want to go in summer.	A：夏がいいな。
H：Why do you want to go in summer?	H：どうして。
A：I want to climb the mountains.	A：山に登りたい。
H：What do you do in the mountains?	H：山で何するの？
A：I want to see the beautiful stars. 　　How about you?	A：きれいな星が観たい。 　　あなたは？
H：I want to go in winter. 　　I want to ski. After that, I want 　　to go to a hot spring.	H：私は冬に行きたい。 　　スキーをしたい。その後に温泉。
A：I think so.	A：私もそう思う。

130

② 教師と児童が会話をする（3分）

最初に "I'm so happy. I get tour tickets to Nagano. I can go anytime in one year." と「1年じゅういつでも使うことのできる長野への旅行券が手に入った」という設定を説明します。5人の児童に "Which season do you want to go, in summer or winter?" を使って尋ねます。3人目からはクラス全員で1人の子に尋ねて，この表現に慣れさせていきます。さらに "Why do you want to go in summer?" と理由を尋ねていきます。教師が "I think so." と答えて，この表現にも慣れさせていきます。

③ 1回目の Small Talk をする（2分）

（Hello! 自己紹介 握手 How are you? のやり取りで始める）

S1 : Which season do you want to go, in summer or winter?
S2 : Let me see!
　　 I want to go in winter.
S1 : Why?
S2 : Because I can snowboard.
　　 I can see beautiful snow mountain.
S1 : I think so.
　　（次にS2が尋ねて理由を聞く）

ここがポイント！

以前にも使った 'which' を使ってどちらがいいか尋ねる会話をします。"Why?" で簡単に理由を聞いてもいいことにして，聞きたい気持ちと会話のリズムを大切にします。"I think so." も使わせていくようにします。

④ Discussion Time をする（2分）

⑤ 2回目の Small Talk をする（2分）

11月

51 自分の町の好きな場所は？

【目的】友だちと自分の町のお気に入りの場所について話そう！

【場面】休み時間の雑談

【状況】友だちと楽しく話したい

自分の町の好きな場所を紹介する話題です。以前も同じような話題が出てきていますが，繰り返していくうちに定着していきます。"There is 〜." "There are 〜." の表現を使うことをねらいます。

---

① 導入する（2分）

（Hello!　自己紹介　握手　How are you? のやり取りで始める）

H：Do you like Gifu?	**H**：あなたは岐阜の町が好き？
A：Yes, I do.	**A**：好きだよ。
H：What do you like about Gifu?	**H**：どんなところが好き？
A：I like the people in Gifu. They are so kind.	**A**：岐阜の人が好き。 岐阜の人は親切だから。
H：I see.	**H**：なるほど。
A：Do you like Gifu?	**A**：あなたは岐阜の町が好き？
H：Yes. Gifu is so rich in nature.	**H**：好きだよ。自然が多い。
A：What place do you like?	**A**：どこが一番好き？
H：I like Gifu-park.	**H**：岐阜公園かな。
A：Why do you like it?	**A**：どうして好きなの？
H：Because there are many flowers in the park. There are squirrels. I can eat dango.	**H**：花がいっぱい咲いている。リスもいるよ。 お団子も食べられる。
A：I see, that's nice.	**A**：へー。いいね。

132

② 教師と児童が会話をする（3分）

5人の児童に "What do you like about Gifu?" "Where do you like in this town?" "Why do you like it?" を使って話しかけます。身近なよく行く公園や大型スーパーなどの紹介でもいいことを伝えます。理由の答え方について，"There is a wide open space. We can soccer." "There is a basket goal in *Akane-park*. We can play basketball." "There are many flower." のように，いくつかの例を示して，考えやすいようにします。

③ 1回目の Small Talk をする（2分）

（Hello! 自己紹介 握手 How are you? のやり取りで始める）

S1：What place do you like in this town?
S2：Let me see! I like *Nakayoshi-park*.
S1：Oh, *Nakayoshi-park*. Me, too.
　　　Why do you like it?
S2：Because there is a big slider.
S1：I see. What do you do?
S2：I do *Suberidai-onigokko*.
S1：I think it's fun.
（次にS2が尋ねて理由を聞く）

ここがポイント！

身近なよく行く公園でよいことを話します。そこには何があるかを "There is ～." "There are ～." を使って説明するようにします。

④ Discussion Time をする（2分）

⑤ 2回目の Small Talk をする（2分）

11月 52 自分の町にあったらいいと思うものは？

【目的】友だちと自分の町にあったらいいなと思うものについて話そう！

【場面】休み時間の雑談

【状況】友だちと楽しく話したい

自分の町にあったらいいなと思うものについての話題です。理由を尋ねる中で，既習の疑問文を使って内容を膨らませていくことをねらいます。

① 導入する（2分）

（Hello!　自己紹介　握手　How are you? のやり取りで始める）

H :	What do you want in our city?	H :	この町にあったらいいなと思うものは何？
A :	I want a big hall.	A :	大きなホールがあったらいいな。
H :	There is a hall in our city.	H :	ホールはあるよ。
A :	I want a much bigger hall which can hold a big concert.	A :	大きなコンサートができるもっと大きなホールが欲しい。
H :	I think so. I want to go to a concert.	H :	そうね。コンサートに行きたいね。
A :	How about you?	A :	あなたは欲しいものはある？
H :	I want a zoo.	H :	動物園があるといいね。
A :	Zoo? Why do you want it?	A :	動物園？　なぜ欲しいの？
H :	Because I like animals.	H :	動物が好きだからね。
A :	What kind of animal do you want to see?	A :	どんな動物がいいの？
H :	I want to see giraffes and elephants.	H :	キリンやゾウが観たいな。
A :	I agree with you. That's nice idea.	A :	そうだね。いい考えだね。

134

② 教師と児童が会話をする（3分）

　5人の児童に "What do you want in our city?" を使って話しかけます。児童が答えたい施設名について，質問に応じながらその場でいくつか教えていきます。理由を尋ねる中で，既習の疑問文を使ったり，相手の考えに賛成する "I think so." を使ったりして，自然な会話になるようにしていきます。

③ 1回目の Small Talk をする（2分）

（Hello!　自己紹介　握手　How are you? のやり取りで始める）

S1：What do you want in our city?
S2：I want an amusement park.
S1：Oh, amusement park.
　　I think so.
　　Why do you want it?
S2：Because I can go many times.
S1：What do you want to do?
S2：I want to ride a roller coaster.
S1：That's nice idea.
　（次にS2が尋ねて理由を聞く）

ここがポイント！

　必要な施設名は児童の質問に応じながら教えていきます。これまでの話題で使ってきた "Why do you want it?" "What do you want to do?" を使って話の内容を膨らませて相手の考えを理解することをねらいます。

④ Discussion Time をする（2分）

　言いたいけれど伝えられなかった質問がたくさん出てきます。多くの児童が次の会話で生かせるものを取り上げます。さらに会話を続けるために，どんな質問文を使ったか尋ねて紹介します。

⑤ 2回目の Small Talk をする（2分）

11月
53 日本の中で 行ってみたい場所は？

【目的】友だちと行きたい日本の場所について話そう！

【場面】休み時間の雑談

【状況】友だちと楽しく話したい

　場所や施設についての話題を続けて 'where' を使って尋ねる表現に慣れることをねらいます。'want to' の表現にも慣れさせていきます。

---

1 導入する（2分）

（Hello!　自己紹介　握手　How are you? のやり取りで始める）

H：Where do you want to go in Japan?	**H**：日本でどこか行きたい所はある？
A：Well, I want to go to Kyoto.	**A**：そうだな。京都かな。
H：Why do you want to go to Kyoto?	**H**：どうして行きたいの？
A：I want to see the temple and shrine.	**A**：寺や神社が観たい。
H：Why do you want to see them?	**H**：なぜ観たいの？
A：I want to know more about Japanese culture.	**A**：日本の文化が知りたい。
And also, I want to eat *yudofu*.	湯豆腐も食べたい。
H：Yeah, Kyoto is famous for *yudofu*. It makes you warm.	**H**：湯豆腐有名だね。温まるね。
A：Where do you want to go in Japan?	**A**：あなたはどこか行きたい所ある？
H：I want to go to Osaka. I want to eat *takoyaki*. I want to meet my friend.	**H**：大阪に行きたいな。たこ焼きも食べたい。友だちにも会いたい。
A：Your friend live in Osaka, right?	**A**：友だちが大阪に住んでいるの？
H：Yes, that's right.	**H**：そうなんだ。

136

② 教師と児童が会話をする（3分）

　5人の児童に "Where do you want to go in Japan?" を使って話しかけます。"Why do you want to go?" と理由を尋ねられた答えとして，「県名 is famous for 名物.」の答え方も教師と児童の会話の中で意図的に使っていきます。

A ： Where do you want to go in Japan?
S1： I want to go to Shizuoka.
A ： Why do you want to go?
S1： I want to see Mt. Fuji.
H ： Shizuoka is famous for Mt. Fuji.
S1： Yes. Shizuoka is famous for Mt. Fuji.

③ 1回目の Small Talk をする（2分）

（Hello!　自己紹介　握手　How are you? のやり取りで始める）

S1： Where do you want to go?
S2： I want to go to Hyogo.
S1： Why?
S2： Hyogo is famous for Himeji castle.
　（次にＳ２が尋ねて理由を聞く）

ここがポイント！

「県名 is famous for 名物.」の答え方に慣れていくことをねらいますが，なかなかすぐに使えるようになりません。"Help." に応じて個別に繰り返し聞かせて慣れさせます。

④ Discussion Time をする（2分）

⑤ 2回目の Small Talk をする（2分）

11月
54 行ってみたい 外国の国はどこ？

【目的】友だちと行ってみたい外国の国について話そう！
【場面】休み時間の雑談
【状況】友だちと楽しく話したい

　　行ってみたい外国の国について話す話題です。前回日本国内の場所について
話した時の表現の中から自分で選択して使うことをねらいます。

① 導入する（2分）

（Hello!　自己紹介　握手　How are you? のやり取りで始める）

H：Do you like taking a trip?	**H**：旅行は好き？
A：Yes, I do.	**A**：好きだよ。
H：Where do you want to go?	**H**：どこに行きたい？
A：I want to go to Germany.	**A**：ドイツに行きたいな。
H：Why do you want to go to Germany?	**H**：どうしてドイツに行きたいの？
A：Because I like driving. There are many streets with beautiful views in Germany.	**A**：運転が好きだから。ドイツはきれいな景色の道があるんだ。
H：That's nice. What else?	**H**：いいね。他には？
A：You can eat delicious sausages and drink beer. Where do you want to go?	**A**：ビールとおいしいウインナーが食べられるから。あなたは，どこに行きたいの？
H：I want to go to Italy.	**H**：イタリアに行きたい。
A：Oh, Italy. Why do you want to go?	**A**：どうして？
H：Because I like pizza.	**H**：ピザが好きだから。
A：I see.	**A**：なるほど。

138

② 教師と児童が会話をする（3分）

　最初に児童に行きたい国を口々に言わせて，それぞれの国の英語の言い方を導入します。**S1**：中国　**A**：China　**S1**：イギリス　**A**：England
　次に5人の児童に "Where do you want to go?" を使って話しかけ，さらに "Why do you want to go?" と理由を尋ねます。理由の答え方としてこれまでの話題で使った表現で例を示して，児童が選択して使っていけるようにします。"I can see The Eiffel Tower." "There is The Eiffel Tower." "France is famous for The Eiffel Tower."

③ 1回目の Small Talk をする（2分）

（Hello!　自己紹介　握手　How are you? のやり取りで始める）

S1：Where do you want to go?
S2：I want to go to America.
S1：Oh, America.
　　　Why do you want to go?
S2：Because I can see new 情報.
　　　"Help!"
A：I want to get new information.
　　（次にS2が尋ねて理由を聞く）

ここがポイント！

　理由は「I can see＋名詞．」「I can eat＋名詞．」を使った表現が答えやすいようです。もっと，伝えたいことがある児童は "Help!" とその場で教師を呼ぶことにして個別に教えます。

④ Discussion Time をする（2分）

⑤ 2回目の Small Talk をする（2分）

11月
55 どんな温まる料理が好きなの？

【目的】友だちと体が温まる料理について話そう！

【場面】休み時間の雑談

【状況】友だちと楽しく話したい

寒い日が続きます。温かい食べ物をイメージしながら話す話題で楽しく会話ができます。話したい気持ちが高まる子どもの関心のある話題です。

---

① 導入する（2分）

（Hello!　自己紹介　握手　How are you? のやり取りで始める）

H : It is cold today.	**H** : 今日は寒いね。
A : Yeah, I want to eat hot *nabe*.	**A** : そうだね。こんな時は温かい鍋料理が食べたい。
H : Do you like *nabe*?	**H** : 鍋料理好きなの？
A : I really like it!	**A** : すごく好きだな。
H : I like it so much too! What kind of *nabe* do you like?	**H** : 私も好きだよ。どんな鍋料理が好きなの？
A : I like *chanko nabe*.	**A** : ちゃんこ鍋かな。
H : Why do you like it?	**H** : どうして？
A : I can eat many kind of vegetables.	**A** : いろいろな食材が食べられる。
H : Yeah, that's awesome.	**H** : ちゃんこ鍋いいね。
A : How about you?	**A** : あなたはどんな鍋が好き？
H : I like *kimuchi nabe*.	**H** : キムチ鍋が好きだな。
A : Really? I don't like spicy.	**A** : 本当？　辛いのは苦手だな。
H : But, it makes you warmer.	**H** : でも温まるよ。
A : Maybe I'll try next time.	**A** : 今度挑戦してみようかな。

140

② 教師と児童が会話をする（3分）

　最初に "It is cold today. I want to warm to eat delicious things. What do you think of the winter dish?" と投げかけて，今日の話題の目的を示します。その後，5人の児童に "What kind of *nabe* do you like?" を使って話しかけます。さらに "Why do you like it?" "What do you put in a pot?" "What do you like in *nabe*?" と内容を膨らませながら尋ねていきます。これまでに使ってきた味や食感を表す表現を思い出しながら，自分で選択して使えるようにしていきます。

③ 1回目の Small Talk をする（2分）

（Hello!　自己紹介　握手　How are you? のやり取りで始める）

S1 : What kind of *nabe* do you like?
S2 : I like *sukiyaki*.
S1 : Oh, *sukiyaki*. Me, too.
　　 Why do you like it?
S2 : Because it's sweet and spicy.
S1 : I see.
　　 What do you like in *sukiyaki*?
S2 : I like beef.
S1 : I think so. It makes you warmer.
（次にS2が尋ねて理由を聞く）

ここがポイント！

"What kind of *nabe* do you like?" と料理の種類を聞く表現にも慣れさせていきます。理由を聞いたり，入れる具材を聞いたりして楽しく会話をするようにします。"It makes you warmer." と最後に言うようにします。

④ Discussion Time をする（2分）

⑤ 2回目の Small Talk をする（2分）

11月 56 Thanksgiving Day に 誰に感謝しますか？

【目的】友だちと Thanksgiving Day に誰に感謝するか話そう！

【場面】休み時間の雑談

【状況】Thanksgiving Day の直前の時期

Thanksgiving Day はアメリカでは大切な行事です。アメリカの文化を理解することや，誰かに感謝の気持ちを伝えるための表現を習得します。

---

1 導入する（2分）

（Hello! 自己紹介 握手 How are you? のやり取りで始める）

A：Thanksgiving Day is coming soon.	**A**：もうすぐサンクスギビングだ。
H：What is Thanksgiving Day?	**H**：サンクスギビングは何？
A：It is the day when you tell your thank you.	**A**：感謝の気持ちを伝える日だよ。
H：Who do you want to tell thank you to?	**H**：あなたは何に感謝したい？
A：I want to tell it to my family.	**A**：家族に感謝したいね。
H：Why do you want to tell it to your family?	**H**：どうして？
A：Because they always stay with me and encourage me. They are my rocks.	**A**：いつも一緒にいてくれて，励ましてくれる。心の支えなんだ。
H：That's great.	**H**：素晴らしいね。
A：What do you want to tell thank you to?	**A**：あなたは何に感謝したい？
H：To my healthiness.	**H**：健康に感謝したい。

142

② 教師と児童が会話をする（5分）

　最初に ALT から 'Thanksgiving Day' に，アメリカではどのように過ごすかを写真や映像を見ながら話を聞きます。5人の児童に "Who do you want to tell thank you to?" と尋ねます。クラス全員で1人の子に尋ねるようにして表現に慣れます。"Why do you think so?" で理由を尋ねます。
　感謝する対象は「friends, teacher, family, health, peace」など，例を示すと考えやすいです。

③ 1回目の Small Talk をする（1分）

（Hello!　自己紹介　握手　How are you? のやり取りで始める）

S1：Who do you want to tell thank you to?
S2：My mother.
S1：Oh, Mother.
　　　Why do you think so?
S2：Because she is kind.
　　　She cooks everyday.
S1：That's great.
　　　I think so, too.
　　　（次にＳ２が尋ねて理由を聞く）

ここがポイント！

　アメリカの文化を理解することと，誰かに感謝の気持ちを持つことをねらいます。理由を話す時，「She is ＋形容詞．」が話しやすいようです。相手の考えに "That's great!" "Wonderful." と強い肯定の気持ちを伝えるようにします。

④ Discussion Time をする（2分）

⑤ 2回目の Small Talk をする（1分）

12月 57 ウィンタースポーツは何が好き？

【目的】友だちとウィンタースポーツについて話そう！

【場面】休み時間の雑談

【状況】友だちと楽しく話したい

　興味のあるウィンタースポーツについて，自由に会話します。児童の興味や関心を大切にした話題で楽しく会話できます。

① 導入する（2分）

（Hello!　自己紹介　握手　How are you? のやり取りで始める）

H : Do you like winter sports?	H : 冬のスポーツは好きですか？
A : Yes, I do.	A : 好きだな。
H : What kind of winter sports do you like?	H : どんなウィンタースポーツが好きなの？
A : I like skiing.	A : スキーが好きだ。
H : Can you ski?	H : スキーできるの？
A : Yes, I can.	A : できるよ。
H : Can you ski well?	H : スキーはうまいの？
A : So so.	A : まあまあかな。
H : Where do you do it?	H : どこでやるの？
A : Usually I go to Takayama.	A : いつも高山に行くかな。
H : Awesome. I want to ski.	H : いいね。スキーがやりたいな。
A : What kind of winter sports do you like?	A : ウィンタースポーツは何が好き？
H : I like figure skating.	H : フィギュアスケートが好き。
A : Why do you like it?	A : どうして好きなの？
H : I like watching it on TV.	H : テレビで観るのが好きなんだ。

② 教師と児童が会話をする（3分）

まず，ウィンタースポーツを絵カードを使って導入します。"I like skiing." "I like snowboarding." "I like skating." と答え方の例を示します。その後，5人の児童に "Do you like winter sports?" "What kind of winter sports do you like?" "Why do you like it?" "Where do you do it?" を使って話しかけます。これまでに使ってきたいろいろな疑問詞を使って質問します。

③ 1回目の Small Talk をする（2分）

（Hello!　自己紹介　握手　How are you? のやり取りで始める）

S1：What kind of winter sports do you like?
S2：I like snowboarding.
S1：Can you snowboard?
S2：Yes, I can.
S1：Why do you like it?
S2：It's fun.
S1：That's nice.
（次にS2が尋ねて理由を聞く）

ここがポイント！

「ski, skate, snowboard, skate」は動詞なので，"I like snowboarding." "Can you snowboard?" のように形が変わります。フレーズを繰り返し聞かせて使えるようにしていきます。

④ Discussion Time をする（2分）

⑤ 2回目の Small Talk をする（2分）

145

12月

58 寒さ対策はどうする？

【目的】友だちと寒さ対策について話そう！

【場面】休み時間の雑談

【状況】寒い日の朝の会話

寒い日の朝思わず友だちと交わす自然な会話を楽しみます。季節に合わせた関心を大切にした話題です。

① 導入する（2分）

（Hello!　自己紹介　握手　How are you? のやり取りで始める）

H : It is really cold this morning.	H : 今朝は特に寒いね。
A : I think it is the coldest in this year.	A : 今年一番の寒さだね。
H : What do you do in cold day?	H : 寒い日はどうしてる？
A : I put on neck warmer and gloves.	A : 手袋とネックウォーマーをする。
H : It is nice with neck warmer. It must be warm.	H : ネックウォーマー，いいね。温かいよね。
A : How about you?	A : あなたはどうするの？
H : I have a heat pad.	H : カイロを持っているよ。
A : It is nice having heat pad. Where do you get it?	A : カイロか。いいね。どこで買うの？
H : I usually buy it at a convenience store.	H : コンビニで買うよ。
A : I see. What else?	A : そうなんだ。他には？
H : I sit at *kotatsu* in my house.	H : 家に帰ったら炬燵に入る。
A : It is nice. What else?	A : 炬燵か。いいね。他には？
H : I drink hot milk.	H : ホットミルクを飲む。
A : Hot milk. That's awesome.	A : ホットミルク。それはいいな。

146

２ 教師と児童が会話をする（3分）

　5人の児童に "What do you do in cold day?" を使って話しかけます。児童の答えたい内容について必要な表現はその場で教えていきます。
「buy，put on，wear，sit at *kotatsu*，drink hot milk」

３ 1回目の Small Talk をする（2分）

（Hello!　自己紹介　握手　How are you? のやり取りで始める）

S1：What do you do in cold day?
S2：I put on neck warmer.
S1：That's a good idea. What else?
S2：I wear … 分厚いジャンパー. "Help"
A ：A heavy jaket.
S2：I wear a heavy jacket.
S1：Me, too. What else?
S2：I wear two sweaters.
S1：Really? That's a good idea. I'll try it.
（次にＳ２が尋ねて理由を聞く）

> **ここがポイント！**
>
> "What else?" "Anything else?" を使ってどんどん話をつないでいくことをねらいます。相手の考えに "That's a good idea." と "I think so, too." "I'll try it." と賛成する反応をするように呼びかけます。

４ Discussion Time をする（2分）

５ 2回目の Small Talk をする（2分）

12月 59 サンタクロースに何をお願いする?

【目的】友だちとサンタクロースに何をお願いするかについて話そう!
【場面】休み時間の雑談
【状況】友だちと楽しく話したい

　　クリスマスが近づいて児童の関心の高い話題です。サンタクロースにお願いしたいという希望を話すという設定で楽しく会話できます。

① 導入する(2分)

(Hello!　自己紹介　握手で始める)

H：Christmas will come soon.	**H**：もうすぐクリスマスだね。
A：Yes. I'm excited.	**A**：そうだね。ワクワクする。
H：Did you ask anything from Santa Claus?	**H**：サンタクロースにお願いした?
A：Yes, I did.	**A**：したよ。
H：What do you want for Christmas?	**H**：クリスマスに何が欲しいの?
A：I want to get basketball shoes.	**A**：新しいバスケットシューズ。
H：Basketball shoes? Why do you want to get them?	**H**：バスケットシューズ? なぜ欲しいの?
A：I like basketball, and mine are old. What do you want?	**A**：バスケットが好きだから。私の靴は古いから。あなたは何が欲しいの?
H：I want a pet.	**H**：ペットが欲しい。
A：What kind of animal do you like?	**A**：どんな動物が好きなの?
H：I like cats. I want to have a cat.	**H**：猫が好き。猫を飼いたいんだ。
A：I see. I like dogs.	**A**：猫か。私は犬が好きだな。

148

② 教師と児童が会話をする（3分）

5人の児童に "What do you want for Christmas?" "Why do you want to get it?" を使って話しかけます。

③ 1回目の Small Talk をする（2分）

（Hello! 自己紹介 握手で始める）
- S1：What do you want for Christmas?
- S2：I want a new game.
- S1：Why?
- S2：Because I like video games very much.
- S1：I see. What games do you want?
- S2：I want to get 'Splatoon'.
- S1：Oh, 'Splatoon'. I like it, too. That's nice.

（次にS2が尋ねて理由を聞く）

ここがポイント！

楽しく会話できる内容なので，自然な会話に近づくようにやり取りのリズムを大切にします。繰り返しや "Why?" などシンプルな反応でもよいことにします。最後に "That's nice." "That's a good idea." などと相手の考えをほめるようにします。

④ Discussion Time をする（2分）

プレゼントが欲しい理由を答えるのに，詳しく話したい児童も多いです。知っている単語とジェスチャーで伝える方法を紹介したり，"I like video games very much." とシンプルに答えたりする例を示して，次の会話に生かせるようにします。

⑤ 2回目の Small Talk をする（2分）

12月 60 クリスマスパーティの準備をしよう！

【目的】友だちとクリスマスパーティの準備について話そう！

【場面】休み時間の雑談

【状況】友だちとクリスマスパーティをする計画をする時

　　クリスマスパーティを開くために，相手の好きな食べ物を聞く話題です。目的がはっきりしているため，自分の考えを話しやすくなります。

---

① 導入する（2分）

H：何を話しているか考えながら，先生と ALT の会話を聞きましょう！

（Hello!　自己紹介　握手　How are you? のやり取りで始める）

H：Let's have a Christmas party.	**H**：クリスマスパーティをしよう。
A：That's nice.	**A**：いいね。
H：What do you want to eat?	**H**：何が食べたい？
A：I want to eat Christmas cakes.	**A**：クリスマスケーキが食べたい。
H：What kind of cakes do you like?	**H**：どんなケーキが好き？
A：I like chocolate cakes.	**A**：チョコレートケーキが好きだな。
H：Oh, chocolate cakes. O.K. What else?	**H**：チョコレートケーキ。いいよ。他には？
A：Fried chicken.	**A**：フライドチキン。
H：Oh, fried chicken. That's nice.	**H**：フライドチキン。いいね。
A：I want to eat sushi too.	**A**：寿司も食べたい。
H：Sushi. I like it too.	**H**：寿司。私も好きだな。
A：Pizza is also nice.	**A**：ピザもいいな。
H：I don't like pizza. Sushi is better.	**H**：ピザは好きではないな。寿司のほうがいいよ。

150

②　教師と児童が会話をする（3分）

　5人の児童に "Let's have a Christmas party." "What do you want to eat?" を使って話しかけます。教師は児童の考えに "That's nice." "I don't like it."「料理名＋is better.」と賛成したり反対したりしながら反応していきます。"Why do you like it?" "Which do you like fried chicken or roast beef?" などいろいろな疑問文で尋ねて，話の内容を膨らませていきます。

③　1回目の Small Talk をする（2分）

（Hello!　自己紹介　握手　How are you? のやり取りで始める）

S1 : Let's have a Christmas party.
S2 : That's nice.
S1 : What do you want to eat?
S2 : I like omelet.
S1 : Omelet.　I don't like it.
　　　Boiled egg is better.
S2 : O.K.　Boiled egg is good.
S1 : What else?
S2 : I like meat ball.
S1 : That's a good idea.
　　（次にＳ２が尋ねて理由を聞く）

ここがポイント！

"Let's have a Christmas party." "That's nice." で会話を始めることにします。イメージが持ちやすくなり，楽しく会話できます。相談する場面なので，"I don't like it." "Boiled egg is better." と自分の気持ちを伝える表現も使わせていきます。

④　Discussion Time をする（2分）

⑤　2回目の Small Talk をする（2分）

151

12月

61 雪が降ったら, 何をして遊ぶ?

【目的】友だちとどんな雪遊びがしたいか話そう!
【場面】休み時間の雑談
【状況】友だちと楽しく話したい

児童は雪が降るとわくわくします。そんな児童の意識に合わせた話題で楽しく会話します。

---

① 導入する（2分）

（Hello! 自己紹介 握手 How are you? のやり取りで始める）

H : It is cold today.	**H** : 今日は寒いね。
A : It might snow. Do you like snow?	**A** : 雪が降りそうだね。雪は好き?
H : Yes. I like snow.	**H** : 雪は好きだな。
A : Why do you like snow?	**A** : どうして?
H : It is fun when it is snow.	**H** : 雪が降ったら楽しいよ。
A : What do you want to do?	**A** : 何をして遊ぶの?
H : I want to make a snow man.	**H** : 雪だるまを作りたい。
A : What kind of snow man is it?	**A** : どんな雪だるま?
H : Its nose is a carrot. It seems like Alf.	**H** : 鼻はニンジン。 オルフのようなの。
A : That's awesome. It's cute.	**A** : いいね。かわいいね。
H : What do you want to do?	**H** : あなたは何をしたい?
A : I want to do a snowball fight.	**A** : 雪合戦をしたいな。
H : Snowball fight! That's fun. What else?	**H** : 雪合戦楽しいね。 他には?
A : I want to sled on the snow.	**A** : そりで滑りたい。

152

② 教師と児童が会話をする（3分）

　最初に絵カードを使って雪遊びの表現を教えます。"make a snow man" "do a snowball fight" "sled on the snow" "make a Japanese igloo"
　5人の児童に "Do you like snow?" "What do you want to do?" "Which do you like making a snow man or doing a snowball fight?" を使って話しかけます。

③ 1回目の Small Talk をする（2分）

（Hello!　自己紹介　握手　How are you? のやり取りで始める）

S1：Do you like snow?
S2：Yes, I do.
S1：What do you want to do?
S2：I want to making a snow man.
S1：That's nice.
　　Why do you like it?
S2：It's fun.
S1：Which do you like making a snow man or doing a snowball fight?
S2：Both. O.K.
　　（次にＳ2が尋ねて理由を聞く）

ここがポイント！

"make a snow man" "do a snowball fight" "sled on the snow" "make a Japanese igloo" などの遊びは，日本語のままでも構わないのですが，英語の言い方のほうが，この表現を使ってみたいという気持ちが高まり楽しく会話ができます。

④ Discussion Time をする（2分）

⑤ 2回目の Small Talk をする（2分）

12月
62 今年の重大ニュースは？

【目的】友だちと今年の重大ニュースについて話そう！
【場面】休み時間の雑談
【状況】友だちと楽しく話したい

12月になり1年を振り返る話題が多くなります。児童の興味・関心のある話題で自由に話します。自分自身の出来事でもよいことにします。

① 導入する（2分）

（Hello！ 自己紹介 握手 How are you？のやり取りで始める）

H : It's almost New Year Day! This year was so fast.	**H** : もうすぐお正月だね。 今年は早く過ぎたな。
A : Yeah! I can't believe it.	**A** : そうだね。信じられないよ。
H : How do you feel about this year?	**H** : 今年はどうだった？
A : Let me see …. This year was a good year.	**A** : うーん。 今年はいい年だったな。
H : A good year? That's nice.	**H** : いい年だったの？ よかったね。
A : This year was very interesting.	**A** : 今年は面白い年だったな。
H : Interesting? What's the big news for you this year?	**H** : 面白い？ あなたの今年一番の ニュースは何？
A : Well, one big news I know is the new robot on Mars. It can take nice pictures. It's really cool!	**A** : えーと，私が知ってる一番のニュースはロボットが火星に行ったこと。写真を撮ることができたんだ。すごく素晴らしい。
H : Oh wow! That's amazing.	**H** : わお！ 信じられない。
A : What's the big news for you this year?	**A** : あなたの今年一番のニュースは？
H : Osaka Naomi got a tennis title.	**H** : 大阪直美がテニスのタイトルをとった。
A : Oh, she is cool.	**A** : うん，彼女はかっこいい。

154

② 教師と児童が会話をする（3分）

5人の児童に"How do you feel about this year?" "What's the big news for you this year?"と話しかけます。さらに"Why do you think so?"と理由を尋ねていきます。

社会全体の大きなニュースでも，自分自身の身近な出来事でもよいことにします。

③ 1回目のSmall Talkをする（2分）

（Hello! 自己紹介 握手 How are you？のやり取り始める）

S1：How do you feel about this year?
S2：This year was a good year.
S1：What's the big news for you?
S2：I have a new brother.
S1：Help!「おめでとう」は？
A ：Congratulations!
S1：Congratulations!
S2：I'm happy.
（次にS2が尋ねて理由を聞く）

ここがポイント！

"How do you feel about this year?"で始めることにします。相手の話に対して，"Wow!" "That's amazing!" "Oh, really?" "I think so."など，気持ちを込めて反応することを大切にします。

④ Discussion Timeをする（2分）

児童はいろいろな内容を考えます。言いたいことが言えない時は"Help!"と言って教師を呼んでその場で言いたい表現を教えます。

⑤ 2回目のSmall Talkをする（2分）

12月 63 お正月の準備は何をする？

【目的】友だちとお正月の準備について話そう！

【場面】休み時間の雑談

【状況】友だちと楽しく話したい

お正月の準備は，家庭によって少しずつ違っています。そのため，違いに驚きながら楽しく会話できます。

① 導入する（2分）

（Hello！　自己紹介　握手　How are you？のやり取りで始める）

H：The *oshogatsu* is just around corner.	**H**：もうすぐお正月だね。
A：See the old year out and the New year in.	**A**：旧年を送り，新年を迎える。
H：I'm busy for the *oshogatsu*.	**H**：お正月を迎えるために忙しい。
A：What do you do for the *oshogatsu*?	**A**：お正月のために何をするの？
H：I clean my house.	**H**：大掃除をする。
A：What else do you do?	**A**：他には？
H：I decorate the house for *oshogatsu*.	**H**：お正月の飾りをする。
A：What do you decorate with?	**A**：何を飾るの？
H：I display *kagami-mochi* and *shimenawa*.	**H**：鏡餅としめ縄を飾る。
A：What is it?	**A**：何それ？
H：It is rope with orange and shrimp. I display it at entrance.	**H**：縄にミカンやエビを飾るもの。それを玄関に飾る。
A：That sounds nice. I want to try.	**A**：いいね。やってみたいな。

156

② 教師と児童が会話をする（3分）

5人の児童に "See the old year out and the New year in." "What do you do for *oshogatsu*?" と話しかけます。3人目からは，クラス全員で1人の児童に問いかけるようにして，この表現に慣れさせていきます。お正月を迎えるために，毎年やることや，一般的にやることを答えるようにします。いくつかの例を示して，選択して話せるようにします。

"I clean my house." "I wash windows." "I display *shimenawa*." "I display *kagami-mochi*." "I display *kadomatsu*." "I make *osechi*." "I display flower." "I do *mochitsuki*."

③ 1回目の Small Talk をする（2分）

（Hello！　自己紹介　握手　How are you？のやり取り始める）

S1 : See the old year out and the New year in. What do you do for *oshogatsu*?
S2 : I clean my house.
S1 : Me, too. I clean my house.
S2 : What else?
S1 : I make *osechi*.
S2 : Wow! Great.
（次にS2が尋ねて理由を聞く）

ここがポイント！

"See the old year out and the New year in." は年末の決まり文句としてよく使われる表現なので，最初にこのフレーズを言ってから会話をすることにして慣れさせていきたいです。

④ Discussion Time をする（2分）

⑤ 2回目の Small Talk をする（2分）

12月
64 冬休みで 楽しみなことは？

【目的】友だちと冬休みで楽しみなことについて話そう！

【場面】休み時間の雑談

【状況】友だちと楽しく話したい

冬休み前に楽しみな気持ちを話します。児童の意識に合った話題で楽しく会話できます。楽しみな TV 番組など身近なことを話すことにします。

① 導入する（2分）

（Hello！ 自己紹介 握手 How are you？のやり取りで始める）

H：It's December now.	**H**：12月だね。
A：That's right.	**A**：そうだね。
Next month is January!	来月は1月だ。
H：Yeah, it's the New year.	**H**：ああ，新しい年になる。
I'm happy for the new year's holidays!	お正月はうれしいな。
What do you want to do for the new year's holidays?	お正月は何するの？
A：Let me see ….	**A**：そうだな。
I always enjoy the special TV shows!	いつもお正月の特別番組を観るな。
I want to watch 紅白歌合戦.	紅白歌合戦が観たい。
H：Oh, me too! I sometimes watch it with my family.	**H**：私も。時々家族と一緒に観るよ。
A：What do you want to do for the new year's holidays?	**A**：お正月は何をするの？
H：I want to go to skiing.	**H**：スキーに行きたい。
A：Sounds good.	**A**：いいね。

158

② 教師と児童が会話をする（3分）

5人の児童に "What do you want to do for the new year's holidays?" "Why do you want to do?" "Which do you like 紅白歌合戦 or 絶対に笑ってはいけない？" などと話しかけます。出かける予定のない児童もいます。楽しみにしている TV 番組や，読みたい本など身近な話題の例を示します。

"I want to watch 紅白歌合戦." "I want to go shopping." "I want to read many books."

③ 1回目の Small Talk をする（2分）

（Hello!　自己紹介　握手　How are you？のやり取り始める）

S1 : What do you want to do for the new year's holidays?
S2 : I want to go to grandmother's house.
S1 : Why do you want to go?
S2 : I can get new year's money.
S1 : Me, too. What else?
S2 : Let me see.
　　I want to eat many delicious foods.
S1 : That sounds good.
　（次にＳ2が尋ねて理由を聞く）

ここがポイント！

"Me, too." "Let me see." "That sounds good." など会話の間を埋める表現や，相手の話に対して反応することを大切にします。リズムよく楽しく会話できることをねらいます。

④ Discussion Time をする（2分）

⑤ 2回目の Small Talk をする（2分）

1月
65 冬休みで 楽しかったことは？

【目的】友だちと冬休みで楽しかったことについて話そう！

【場面】休み時間の雑談

【状況】友だちと楽しく話したい

冬休みの思い出について話します。夏休み後の会話で使った表現をもう一度繰り返して使い定着をねらいます。

1 導入する（2分）

（Hello!　自己紹介　握手　How are you? のやり取りで始める）

H：Happy New Year!	H：明けましておめでとう。
A：Happy New Year!	A：明けましておめでとう。
H：Let's have a great year.	H：よい年になりますように。
A：Yes let's!	A：よい年に。
H：What did you do during winter vacation?	H：冬休みは何してた？
A：I went to a shrine.	A：神社に行ったよ。
H：Which shrine did you go?	H：どこの神社？
A：I went to Inaba shrine. I drew a fortune slip.	A：伊奈波神社へ行ったよ。おみくじを引いた。
H：How was it?	H：どうだった？
A：It was best luck. How about you?	A：大吉だった。あなたは何してた？
H：I went to my grandmother's house.	H：おばあさんの家に行った。
A：What did you do there?	A：何したの？
H：I got new year's money.	H：お年玉をもらった。
A：That's nice.	A：それはいいね。

160

② 教師と児童が会話をする（3分）

最初に "Happy New Year!" "Let's have a great year." のあいさつを交わしてから会話に入るようにします。5人の児童に "What did you do during winter vacation?" を使って話しかけます。"What did you eat during the vacation?" "How was your vacation?" "Which is your favorite, *Kohaku* or *GakiTsuka*?" など様々な問いかけをして，児童が答えやすいようにしていきます。児童が答えに詰まった時は，"I ate a lot of *sukiyaki*!" "I was very happy." など答えの例をいくつか示しながら自分のことを話せるように助けていきます。

③ 1回目の Small Talk をする（2分）

（Hello! 自己紹介 握手 How are you? のやり取りで始める）

S1 : Happy New Year!
S2 : Happy New Year!
S1 : Let's have a great year.
S2 : Yes let's!
S1 : What did you do?
S2 : I went to a temple.
S1 : Why?
S2 : I 鐘を突く． "Help!"
A : I rang a bell.
（次にS2が尋ねて理由を聞く）

ここがポイント！

"Happy New Year!" "Let's have a great year." 新年のあいさつとして，授業の開始時に教師とのやり取りや隣同士のやり取りをさせて慣れ親しませます。会話の最初もこの表現を使うようにして，実際に使う経験をさせます。

④ Discussion Time をする（2分）

⑤ 2回目の Small Talk をする（2分）

お正月のごちそうでは何が好き？

1月 66

【目的】友だちとお正月のごちそうについて話そう！

【場面】休み時間の雑談

【状況】友だちと楽しく話したい

児童の大好きな食べ物シリーズで楽しく会話をします。日本文化のお正月料理について，英語で紹介できるようになることをねらいます。

① 導入する（2分）

H：何を話しているか考えながら，先生と ALT の会話を聞きましょう！

（Hello! 自己紹介 握手で始める）

H：What did you eat during the vacation?	**H**：休みの間に何食べた？
A：I ate *sukiyaki* with my family. We got special meat at a nice shop.	**A**：すき焼きを食べたよ。いい店の特別な肉だった。
H：*Sukiyaki* is fantastic. I'm jealous.	**H**：すき焼きは素晴らしいな。うらやましいな。
A：I was very happy. How about you?	**A**：すごく幸せだった。あなたはどうだった？
H：I ate new years noodles and *osechi*.	**H**：年越しそばとおせちを食べたよ。
A：Me, too. What's your favorite *osechi*?	**A**：私も食べた。一番好きなおせちは何？
H：I like *kurikinton*.	**H**：栗きんとんかな。
A：Why do you like?	**A**：なぜ好きなの？
H：It's sweet and soft.	**H**：柔らかくて甘いから。

162

② 教師と児童が会話をする（3分）

"Do you know *osechi*?" "What is it?" おせち料理に興味がある ALT の質問に答えながら，児童の考えた表現を HRT が助けて，おせち料理の説明をしていきます。「黒豆！ black beans」「栗きんとん "Chestnut paste." "It's sweet. We eat it for rich."」など ALT に伝えようといろいろな表現を考えることができます。

その後，"What did you eat during New year?" を使って，おせち以外でもお正月らしいごちそうについて質問していきます。

③ 1回目の Small Talk をする（2分）

（Hello! 自己紹介 握手で始める）
- **S1**：Did you eat *osechi*?
- **S2**：Yes.
- **S1**：What *osechi* do you like?
- **S2**：I like rolled omelette.
- **S1**：That's nice. What else?
- **S2**：I ate *ozoni*.
- **S1**：Me, too.
- **S2**：I ate 5 rice balls.
- **S1**：Wow!

（次にS2が尋ねて理由を聞く）

ここがポイント！

教師と児童の会話の中で出てきたおせちの表現や説明を使って会話をします。その料理が好きかについても質問をすることによってさらに楽しくなります。

④ Discussion Time をする（2分）

⑤ 2回目の Small Talk をする（2分）

1月
67 今年の目標は何？

【目的】友だちと今年の目標について話そう！
【場面】休み時間の雑談
【状況】友だちと楽しく話したい

　　新しい年を迎えて，目標を立てる人も多いです。思いを英語で伝え合うことで自分の考えを再構築する経験になることをねらいます。

① 導入する（2分）

H：何を話しているか考えながら，先生と ALT の会話を聞きましょう！
（Hello!　自己紹介　握手　How are you? のやり取りで始める）

A：I am still thinking of a goal for the New year.	**A**：今年の目標を考えているんだ。
H：Oh I see. 　　How do you decide?	**H**：なるほど。 　　どんなことを決めたの？
A：I can cook but I don't know many Japanese recipes. 　　I want to learn 12 new Japanese recipes this year!	**A**：料理はできるけど，日本の料理のレシピは知らないんだ。 　　今年は12の日本料理のレシピを習いたいな。
H：Oh, that's wonderful. 　　Good luck! I'm sure you can do it!	**H**：おー素晴らしいね。 　　頑張って。できるよ。
A：Thank you! Do you have a new year's resolution?	**A**：ありがとう。あなたは今年の目標ある？
H：Hmm … let me see. This year I want to make more friends.	**H**：うーんそうだな。今年は，たくさん友だちを作る。
A：More friends? That sounds fun!	**A**：たくさんの友だち。いいね。

164

② 教師と児童が会話をする（3分）

　5人の児童に "Do you have a new year's resolution?" "What is it?" を使って話しかけます。自分の考えを英語に直すのは難しいようです。話しかけられた児童は，戸惑い黙ってしまう場合もあります。まず，日本語でもいいので自分の考えを話させます。その考えを，他の児童に「どう言えばいいと思う？」と投げかけながら英語の表現を一緒に考えていきます。ジェスチャーや知っている単語をつなぎ合わせて，何とか内容が伝わることを大切にします。「毎日素振りを100回する。"I do（素振りのジェスチャー） one hundred." "I do practice swings. 100 times."」

③ 1回目の Small Talk をする（2分）

（Hello!　自己紹介　握手　How are you? のやり取りで始める）

S1：Do you have a new year's resolution?
S2：Yes. I run every day.
S1：Why do you do it?
S2：Because I want to be a baseball player.
S1：Good luck!
　　　I'm sure you can do it!
（次に S2 が尋ねて理由を聞く）

ここがポイント！

相手の考えを聞いた後に，必ず "Good luck! I'm sure you can do it!" と相手を励ます言葉をかけるようにします。励ます表現を場に応じて使えるようになることをねらいます。

④ Discussion Time をする（2分）

⑤ 2回目の Small Talk をする（2分）

1月

68 友だちの紹介をしよう！

【目的】友だちの良いところを紹介しよう！

【場面】休み時間の雑談

【状況】友だちと楽しく話したい

友だちの良いところを紹介し合う活動です。今までに使ってきた人物の特徴を表す形容詞や，'she'，'he' を使い分けることをねらいます。

① 導入する（2分）

（Hello!　自己紹介　握手　How are you? のやり取りで始める）

H：Who is your good friend?	**H**：仲良しの友だちは誰？
A：I have many.	**A**：たくさんいるな。
H：Can you introduce any of them?	**H**：誰か紹介して？
A：Maybe, Emily.	**A**：エミリーかな。
H：Why is she your good friend?	**H**：どうして仲がいいの？
A：She is so funny. She is so kind. She can tells me about delicious shops. How about you?	**A**：彼女はとても面白い。親切だよ。 おいしいお店を教えてくれるか ら。 あなたは？
H：Yoshida.	**H**：吉田さん。
A：Why is she your good friend?	**A**：どうして仲がいいの？
H：She is so active. 　I go out with her.	**H**：彼女は行動的だから。 一緒に出かけるんだ。
A：Where do you go?	**A**：どこに行くの？
H：We go shopping and seeing movies.	**H**：買い物や，映画だよ。
A：That's nice.	**A**：いいね。

166

② 教師と児童が会話をする（3分）

5人の児童に"Who is your good friend?" "Why is she(he) your good friend?" を使って話しかけます。人物の特徴を表す形容詞を児童に問いかけながら思い出していきます。

「friendly, gentle, cool, great, intelligent」

③ 1回目の Small Talk をする（2分）

(Hello!　自己紹介　握手　How are you? のやり取りで始める)

S1：Who is your good friend?
S2：Suzuki.
S1：Oh, Suzuki.
　　Why?
S2：Because he is active.
S1：What can he do?
S2：He can play soccer well.
S1：Great!
（次にＳ2が尋ねて理由を聞く）

ここがポイント！

'he' 'she' を使い分けることや，人物の特徴を表す形容詞を思い出しながら使っていきます。「Ｈe (She) can＋動詞.」を使って得意なことを紹介することもできることを思い出させていきます。

④ Discussion Time をする（2分）

誰かを特定することが恥ずかしくて，「クラスの子みんな」と答える子もいます。"Everyone is a good friend." と伝えたい表現を教えます。この時 "They are funny." となることも教えます。

⑤ 2回目の Small Talk をする（2分）

1月 69 ハンバーガーショップで 注文するとしたら？

【目的】友だちとハンバーガーショップで買い物をする練習をしよう！
【場面】休み時間の雑談
【状況】海外旅行に行く予定があるとしたら

　　海外で買い物をする体験をする話題です。「実際に海外旅行に行った時困らないようにやってみよう。」と意欲を高めます。楽しく会話できます。

① 導入する（3分）

（Hello!　自己紹介　握手で始める）

H：I will go to America!! But I'm worrying how to order a hamburger.	**H**：今度アメリカに行くんだ。 でも，ハンバーガーの店でどうやって注文していいか不安なんだ。
A：I will play a waiter, so let's try. Welcome to the shop.	**A**：私が店員役で，やってみよう。 いらっしゃいませ。
H：Can I have a cheese burger?	**H**：チーズバーガーをください。
A：Yes, how many cheese burgers do you want?	**A**：はい。おいくつですか？
H：One.　And, orange juice.	**H**：1つ。オレンジジュースも。
A：Orange juice. Which size do you want?	**A**：オレンジジュースね。 サイズは？
H：Small please.	**H**：小さいのをください。
A：Anything else?	**A**：他には？
H：That's it.	**H**：いいです。
A：The order is 10 dollars. For here or to go?	**A**：10ドルです。こちらでお召し上がりですか。それともお持ち帰りですか？
H：To go.	**H**：持ち帰ります。

168

② 教師と児童が会話をする（5分）

「海外旅行に行って，ハンバーガーショップで買い物ができるようになりましょう。」と目的を話します。

教師が店員役で，5人の児童に "Welcome to the shop." と話しかけます。サイズを聞かれた時「S」と答える児童が多いので，「Small, Medium, Large」を使うことを教えます。

店員の受け答えは，教師がお客役になり全員で店員役になって練習する必要があります。

③ 1回目のSmall Talkをする（1分）

S1 : Hello!
S2 : Welcome to the shop.
S1 : Can I have a hamburger?
S2 : How many?
S1 : Two.
S2 : Anything else?
S1 : A Coke.
S2 : Which size?
S1 : Large.
S2 : The order is 10 dollars.
　　 For here or to go?
S1 : To go.
　（次にS1とS2が交代する）

ここがポイント！

「Can I have a 商品名？」で注文して，数，サイズを伝える流れを掴ませます。"For here or to go." はよく尋ねられますが，意味がわからず困ることが多い表現なので，この機会に慣れさせていきます。

④ Discussion Time をする（3分）

⑤ 2回目のSmall Talkをする（1分）

1月 70 魔法が１つ使えたら何がしたい？

【目的】友だちと魔法が１つ使えたら何をしたいか話そう！

【場面】休み時間の雑談

【状況】友だちと楽しく話したい

児童がわくわくする話題で楽しく会話できます。自分の考えを伝えるために知っている単語やジェスチャーを加えながら話せます。

① 導入する（2分）

H：何を話しているか考えながら，先生と ALT の会話を聞きましょう！

（Hello!　自己紹介　握手　How are you? のやり取りで始める）

H：If you get one magic power, what do you want to?	**H**：もし魔法が１つ使えたら，何がしたいですか？
A：I want to get a door to anywhere.	**A**：私は，どこでもドアを手に入れたい。
H：A door to anywhere. Why do you get it?	**H**：どこでもドア？どうして？
A：Because I can meet my mother any time in America.	**A**：アメリカにいるお母さんにいつでも会えるから。
H：That's a good idea. If you get one magic power, what do you want to?	**H**：いい考えだね。もし魔法が１つ使えたら，何がしたいですか？
A：I want to get a robot.	**A**：ロボットを手に入れたい。
H：Why do you get it?	**H**：どうして？
A：It is like a Doraemon. I want it to help me.	**A**：ドラえもんのような。私を助けてほしい。
H：That's awesome.	**H**：それはいいね。

170

② 教師と児童が会話をする（3分）

5人の児童に "If you get one magic power, what do you want to?" を使って話しかけます。3人目からはクラス全員で1人の児童に問いかけるようにしてこの表現に慣れさせていきます。"Why do you get it?" と理由も聞いていきます。単語とジェスチャーを使いながら，何とか考えを伝えるようにさせていきます。

③ 1回目の Small Talk をする（2分）

（Hello!　自己紹介　握手　How are you? のやり取りで始める）

S1：If you get one magic power, what do you want to?
S2：Let me see!
　　I want to get a big light.
S1：Big light? Why?
S2：Because I can … big.
　　（ジェスチャー）"Help."
A ：You want to be a big man.
S1：I want to be a big man.
S2：I see. I think so.
　　That's a good idea.
（次にS2が尋ねて理由を聞く）

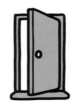

ここがポイント！

"If you get one magic power, what do you want to?" は長い表現ですが，児童は「面白い」「使いたい」と思うと，すぐに使えるようになります。友だちの考えに "That's nice." "That's a good idea." と称賛の言葉をかけるようにします。笑顔で楽しく会話できます。

④ Discussion Time をする（2分）

⑤ 2回目の Small Talk をする（2分）

1月

71 ペットを飼うとしたら？

【目的】友だちと飼いたいペットについて話そう！
【場面】休み時間の雑談
【状況】友だちと楽しく話したい

　　どんなペットを飼っているか，6月に話題にしました。今回は，何を飼いたいかを理由を加えて話す活動です。身近で盛り上がる話題です。

① 導入する（2分）

（Hello!　自己紹介　握手　How are you? のやり取りで始める）

H : Do you have any pets?		**H** : 何かペットを飼ってる？
A : Yes, I do. I have a cat.		**A** : うん。猫を飼ってるよ。
H : That's nice having a cat.		**H** : 猫。いいね。
A : But I have trouble too.		**A** : でも，困ったこともある。
H : What's wrong?		**H** : どうしたの？
A : She poops in my neighbor's yard.		**A** : 隣の家の庭でフンをする。
H : That's bad.		**H** : それはいけないな。
A : I want to have goldfish. But my cat eats it. Do you have any pets?		**A** : 金魚を飼いたい。 でも猫が食べる。 あなたは何かペット飼っている？
H : No, I don't.		**H** : 飼っていないな。
A : What pet do you want to have?		**A** : 何か飼いたい？
H : I want to have dogs.		**H** : 犬が飼いたい。
A : Why do you want to have dogs?		**A** : どうして。
H : I like dogs. Because dogs are smart.		**H** : 犬が好きなんだ。 賢いから。

172

② 教師と児童が会話をする（3分）

5人の児童に "What pet do you want to have?" を使って話しかけます。"Why do you want to have 〜?" と理由も尋ねていきます。

③ 1回目の Small Talk をする（2分）

（Hello! 自己紹介 握手 How are you? のやり取りで始める）

S1：What pet do you want to have?
S2：I want to have *kanahebi*.
S1：*Kanahebi*? Really?
　　Why?
S2：I like *kanahebi*.
S1：Why do you like it?
S2：Because, it's so cute.
S1：I don't think so.

（次にS2が尋ねて理由を聞く）

ここがポイント！

相手の考えに同意する "I think so." 反対する "I don't think so." も使うようにして，考えを交流し合えるようにしていきます。

④ Discussion Time をする（2分）

今日の Small Talk では，相手の考えに対して自分の考えを伝えることをねらいます。

「"I think so." "I don't think so." を使った人はいますか？」と尋ねます。どんな会話だったか，みんなの前で再現してもらいます。それを見て他の児童が次の会話に生かせるようにします。

⑤ 2回目の Small Talk をする（2分）

1月
72 兄弟について話そう！

【目的】兄弟について話そう！
【場面】休み時間の雑談
【状況】友だちと楽しく話したい

兄弟について話すことはよくあります。身近で話しやすい話題です。既習の人物の様子を表す形容詞を繰り返し使うことをねらいます。

---

① 導入する（2分）

（Hello！自己紹介　握手　How are you？のやり取りで始める）

H：Do you have any brothers or sisters?	**H**：あなたは兄弟はいますか？
A：Yes, I have an older brother.	**A**：お兄さんがいます。
H：That's nice. Do you want to have any other brothers or sisters?	**H**：いいね。他にいたらいいなと思う兄弟はいますか？
A：Maybe a little brother.	**A**：弟かな。
H：Why do you want to have a little brother?	**H**：どうして？
A：Because I can practice basketball with him.	**A**：一緒にバスケットの練習ができる。
H：I see. How about you?	**H**：なるほどね。あなたはどう？
A：I want to have a little sister.	**A**：妹が欲しい。
H：Why do you want to have her?	**H**：どうして？
A：Because she is cute.	**A**：かわいいから。
H：What if you fight with her?	**H**：喧嘩するかも？
A：No, I will not.	**A**：しないよ。

174

② 教師と児童が会話をする（3分）

最初に兄弟の言い方 "an older sister" "an older brother" "a younger brother" "a younger sister" を示します。その後 5人の児童に "Do you have any brothers or sisters?" "Do you want to have any other brothers or sisters?" "Which do you want to have a brother or a sister?" を使って話しかけます。さらに，"Why do you want to have 〜?" と理由を尋ねます。児童はこれまでに使ってきた人物の特徴を表す形容詞の中から選択して答えます。

③ 1回目の Small Talk をする（2分）

（Hello!　自己紹介　握手　How are you? のやり取りで始める）

S1 ： Do you have any brothers or sisters?
S2 ： No, I don't.
S1 ： Do you want to have any brothers or sisters?
S2 ： An older sister.
S1 ： Why?
S2 ： Because she is kind.
S1 ： I think so, too.
　　（次にS2が尋ねて理由を聞く）

ここがポイント！

"Do you want to have any brothers or sisters?" は長い文ですが，"have any sister or brother" を塊でリズムよく覚えると使えるようになります。最初から完全な文で言えなくても繰り返すうちに言えるようになればよいことを話していきます。

④ Discussion Time をする（2分）

⑤ 2回目の Small Talk をする（2分）

2月

73 あなたのヒーローは？

【目的】友だちに自分のヒーローについて話そう！

【場面】休み時間の雑談

【状況】友だちと楽しく話したい

　　自分の好きなヒーローについての話題です。好きな理由やその人物ができることを説明します。友だちの考えに賛成や励ましの言葉をかけます。

---

① 導入する（2分）

（Hello!　自己紹介　握手　How are you? のやり取りで始める）

H : Osaka Naomi won the game yesterday. Do you know her?	H : 昨日大阪直美が優勝したね。彼女を知っている？
A : She is a tennis player, isn't she?	A : テニスプレーヤーだよね？
H : Yes, she is my hero. I like tennis. I want to be like her.	H : うん。大阪直美は私のヒーローだ。テニスが好き。私も彼女みたいになりたい。
A : She is so cool. Do your best!	A : かっこいいね。頑張ってね。
H : Who is your hero?	H : あなたのヒーローは？
A : To me, it is Ichiro.	A : イチローだね。
H : Ichiro? Why is he your hero?	H : イチロー。どうして？
A : Because I like baseball.	A : 野球が好きだから。
H : What can he do?	H : どんなことができる人なの？
A : He always hit a ball. Not only that, his swing form is so beautiful. It's kind of like art. I want to be a player like him.	A : いつもヒットが打てるんだ。それだけではなくて，スイングは美しくて芸術だ。そんな選手になりたい。
H : That's nice. Do your best!	H : いいね。頑張ってね。

176

② 教師と児童が会話をする（3分）

5人の児童に"Who is your hero?"を使って話しかけます。1人の児童の答えについて，クラス全員に「Do you know＋人物名？」と問いかけて，話の中に引き込むようにします。"Why is he your hero?"と理由を尋ねます。児童は人物の特徴を表す形容詞を使ったり，'can'を使ってその人物ができることを話したりします。

③ 1回目の Small Talk をする（2分）

（Hello! 自己紹介 握手 How are you? のやり取りで始める）

S1 : Who is your hero?
S2 : My hero is Akashiya Sannma.
　　 Do you know Akashiya Sannma?
S1 : Yes. I like him, too.
　　 Why is he your hero?
S2 : Because he is so funny.
　　 He can make many people smile.
S1 : I see.
S2 : I want to be a comedian like him.
S1 : That's nice. Do your best!
（次にS2が尋ねて理由を聞く）

ここがポイント！

"I want to be like her." "Do your best!"と夢を語り，それを励ます表現で終わるようにします。一方的に話すのではなく「Do you know＋人物名？」と相手の理解を確かめる表現も入れるようにしていくと会話にリズムができます。

④ Discussion Time をする（2分）

⑤ 2回目の Small Talk をする（2分）

2月
74 節分の日には何をしたの？

【目的】節分の日には何をしたか話そう！

【場面】休み時間の雑談

【状況】節分の次の日

日本の伝統的な行事について英語で説明できるようになることをねらいます。各家庭で少しずつやり方が違っているので楽しく話せます。

① 導入する（2分）

（Hello!　自己紹介　握手　How are you? のやり取りで始める）

H：Did you do *mame-maki* yesterday?	**H**：昨日豆まきはしたの？
A：*Mame-maki*? What is it?	**A**：豆まき？　何それ？
H：Yesterday was *Setsubun*. It signifies the ending of winter and the beginning of spring. We throw the beans at Oni. And we say "*Oni wa soto, Fuku wa uchi*."	**H**：昨日は節分だった。冬が終わって，春が始まる日だ。鬼に豆を投げるんだ。そして「鬼は外，福は内」と言うんだ。
A：I see. Why do you do it?	**A**：なるほど。どうしてするの？
H：That mean "ogres go out, luck come in".	**H**：「鬼が出ていって，幸せが来る」という意味。
A：That sounds good. What else?	**A**：いいね。他には？
H：We eat our age plus one in soybeans!	**H**：自分の年より1つ多く豆を食べる。
A：Wow! But it's too much!	**A**：おお！　多すぎだ。

178

② 教師と児童が会話をする（3分）

「節分は日本の伝統的な行事ですね。節分について ALT に説明しよう。」と話します。まず日本語でしか言えなかった児童の伝えたいことをクラス全体で，どんな英語で表現できるかを考えていきます。

'throw the beans' 'eat the beans' 'eat the *ehoumaki*' 'decorate hiragi-leaf on entrance' 'say "*Oni* wa soto, *Fuku* wa uchi."'

その後，5人の児童に "What do you do in *Setsubun*?" "What do you eat?" を使って話しかけます。

③ 1回目の Small Talk をする（2分）

（Hello! 自己紹介 握手 How are you? のやり取りで始める）

S1：What do you do in *Setsubun*?
S2：I throw the beans.
S1：Me, too.
　　What else?
S2：I eat *ehoumaki*.
S1：Oh, me, too.
S2：What else?
S1：I decorate hiragi-leaf on entrance.
S2：Really? I don't do it.
（次にS2が尋ねて理由を聞く）

ここがポイント！

"What else?" を使って話題を広げるようにします。自分の家でやっていることと比べながら，"Me, too." "I don't do it." などと感想を言うことを大切にします。

④ Discussion Time をする（2分）

⑤ 2回目の Small Talk をする（2分）

2月
75 気分を変える時はどうする?

【目的】気分転換する方法を話そう!

【場面】休み時間の雑談

【状況】友だちのことをもっと知りたい

児童からのリクエストで生まれた話題です。気分転換をする方法を友だちと交流したいという気持ちは強く,意欲的に会話を楽しめます。

① 導入する(2分)

(Hello! 自己紹介 握手 How are you? のやり取りで始める)

H : I worry about next year.	**H** : 次の年度のことが心配なんだ。
A : What do you worry about?	**A** : 何を心配しているの?
H : Can I make new friends? Who is my homeroom teacher? If I think about that, I'm so nervous.	**H** : 新しい友だちができるかな? 誰が担任の先生かな? それを考えると,とても暗い気持ちになる。
A : I see.	**A** : そうか。
H : How do you relax?	**H** : どうやって気分転換するの?
A : I play music.	**A** : 音楽を演奏する。
H : It's good. What kind of music do you play?	**H** : それはいいね。どんな音楽を演奏するの?
A : I play Japanese songs.	**A** : 日本の曲だよ。
H : What do you play?	**H** : 何を演奏するの?
A : I play the *syamisen* and ukulele.	**A** : ウクレレと三味線。
H : Great!	**H** : すごいね。
A : How do you relax?	**A** : あなたはどのようにするの?
H : I watch YouTube video.	**H** : 私はユーチューブを観るよ。
A : What kind of YouTube video do you watch?	**A** : どんなユーチューブを観るの?
H : I watch songs.	**H** : 歌を観るよ。
A : Sounds good.	**A** : いいね。

② 教師と児童が会話をする（5分）

5人の児童に "How do you relax?" "Why do you do it?" を使って話しかけます。

児童の答えに関連して，"When do you do it?" "What kind of games do you like?" のようにさらに質問をして内容を膨らませていきます。

③ 1回目の Small Talk をする（2分）

（Hello! 自己紹介 握手 How are you? のやり取りで始める）

S1：How do you relax?
S2：I play video game.
S1：Me, too.
　　　What kind of games do you like?
S2：I like 'FORTNITE'.
S1：Sounds good.
　　　What item do you like?
S1：I like ポンプショットガン.
S2：When do you do it?
S1：After dinner.
S2：Me, too.
（次にＳ２が尋ねて理由を聞く）

ここがポイント！

"What kind of games do you like?" や "What item do you like?" は児童が本当に聞きたいことなので，どんどん質問していきます。長く会話を続けることができる話題です。

④ Discussion Time をする（2分）

⑤ 2回目の Small Talk をする（2分）

2月 76 習っていることや、やってみたいことは？

【目的】習っていることや、やってみたいことを話そう！

【場面】休み時間の雑談

【状況】友だちのことをもっと知りたい

児童からのリクエストで生まれた話題です。児童はいろいろな習い事に興味があるようです。楽しく会話できます。

1 導入する（2分）

（Hello!　自己紹介　握手　How are you? のやり取りで始める）

A : I want to try something new. Do you have any lessons?	A : 何か新しいことを始めたいな？ 何か習い事をしていますか？
H : Yes, I do.	H : うんやっているよ。
A : What lesson do you have?	A : 何を習っているの？
H : I have a *Kado* lesson.	H : 華道を習っている。
A : *Kado*? What is it?	A : 華道？　それは何？
H : It is the Japanese flower arrangement.	H : 日本のフラワーアレンジメント。
A : I see. Why do you do it?	A : なるほど。なぜ習っているの？
H : Because I like flowers. I want to decorate the room with flowers.	H : 花が好きだから。 部屋に花を飾りたい。
A : That sound goods.	A : それはいいね。
H : How about you?	H : あなたはどう？
A : I play basketball.	A : バスケットボールをやっている。
H : Basketball. Why do you do it?	H : バスケットボール。なぜ？
A : I like basketball. It's fun.	A : バスケットボールが好きだから。 楽しいよ。
H : Sounds good. I want to try it!	H : いいね。やってみたいな。
A : Wow. You can do it. Let's try!	A : わー。頑張って。やろうよ。
H : I'll try.	H : やってみるよ。

② 教師と児童が会話をする（3分）

　「新しいことを始めたい人に，自分の習っていることや興味のあることを勧めましょう。」と目的を話します。習い事だけでなく，所属しているスポーツチームでもよいことにします。特に何も習っていない児童には，興味のあることを話すように伝えます。5人の児童に "Do you have any lessons?" "What lesson do you have?" を使って話しかけます。"Why do you do it?" と理由を聞いて，児童の答えに関連して，"When do you do it?" "Where do you do it?" のようにさらに質問をして内容を膨らませていきます。"Go for it!" "You can do it." など相手を励ます言葉を教えていきます。最後に "Let's try!" と誘うようにします。

③ 1回目の Small Talk をする（2分）

　（Hello! 　自己紹介　握手　How are you? のやり取りで始める）

- **S1**：Do you have any lessons?
- **S2**：No, I don't.
- **S1**：What lesson do you want to do?
- **S2**：I want to play soccer.
- **S1**：Great! Let's try! You can do it.
- **S1**：Thank you. I'll try.

　（次にS2が尋ねて理由を聞く）

ここがポイント！

"Let's try!" と誘われた後に，"I want to try it!" "I'll try." "Sorry, I can't do." と自分の気持ちを伝える表現を教えていきます。

④ Discussion Time をする（2分）

⑤ 2回目の Small Talk をする（2分）

2月

77 あなたの家はどこ？

【目的】友だちと家の場所について話そう！
【場面】休み時間の雑談
【状況】友だちと楽しく話したい

友だちの家に遊びに行くために，近くにある施設を尋ねる話題です。児童が
よくする会話です。場所を表す表現を使うことをねらいます。

---

1 導入する（2分）

（Hello!　自己紹介　握手 How are you? のやり取りで始める）

H	: Can I go to your house?	H	: 遊びに行ってもいい？
A	: It's fine.	A	: いいよ。
H	: Where is your house?	H	: 家はどこ？
A	: My house is in Kanou-cho.	A	: 加納町に住んでいる。
H	: What is near your house?	H	: 近くに何かある？
A	: There is Kano tenman shrine.	A	: 加納天満宮がある。
H	: I see, I got it.	H	: それならわかる。
A	: Where do you live?	A	: あなたはどこに住んでいるの？
H	: I live in Sakura-cho.	H	: 桜町に住んでいる。
A	: I don't know.	A	: 知らないな。
	What is near your house?		近くに何かある？
H	: There is the train station.	H	: 駅があるよ。
	My house is close to TSUTAYA.		家はツタヤに近いよ。
A	: I see. That's convenient.	A	: わかった。便利なとこだね。
H	: Thank you.	H	: ありがとう。
	Please come to my house.		遊びに来てよ。

184

② 教師と児童が会話をする（3分）

「友だちが遊びに来られるように，家の近くの目印になるものを伝えましょう。」と目的をはっきりとします。5人の児童に "Can I go to your house?" "Where is your house?" "What is near your house?" とだんだん場所が特定できるように詳しく聞いていきます。「My house is in 住所．」「There is ＋施設名．」「My house is near ＋施設名．」の答え方の例をいくつか示します。

③ 1回目の Small Talk をする（2分）

（Hello! 自己紹介 握手 How are you? のやり取りで始める）
- **S1**：Can I go to your house?
- **S2**：O.K.
- **S1**：Where is your house?
- **S2**：My house is Hagoromo-cyo.
- **S1**：What is near your house?
- **S2**：There is *Sakura-park*.
- **S1**：Sorry. I don't know.
- **S2**：My house is near Ken's house.
- **S1**：I see. I can go Ken's house.
 （次にＳ２が尋ねて理由を聞く）

ここがポイント！

友だちから "I see." と言ってもらえるまで，何とか工夫して自分の家の情報を伝えるようにします。目印になる施設がない時は，他の友だちの家や学校からの方向を話すことを教えます。

④ Discussion Time をする（2分）

⑤ 2回目の Small Talk をする（2分）

2月

78 よく行くお店はどこ？

【目的】友だちとよく行くお店について話そう！
【場面】休み時間の雑談
【状況】友だちのことをもっと知りたい

よく行くショッピングセンターや食べ物のお店についての会話です。友だちとよくする会話なので話しやすく盛り上がります。

① 導入する（3分）

（Hello!　自己紹介　握手　How are you? のやり取りで始める）

H：I went shopping yesterday.	H：昨日買い物に行ったんだ。
A：What did you buy?	A：何を買ったの？
H：I bought a new pen case.	H：新しい筆箱を買った。
A：New pen case! That's good. Where did you get it?	A：新しい筆箱。いいね。どこで買ったの？
H：Itoyokado.	H：イトーヨーカドー。
A：Itoyokado. I often go there too.	A：イトーヨーカドーね。私も行くよ。
H：What do you buy?	H：何を買うの？
A：I buy clothes. By the way what kind of food shop do you go?	A：服を買うよ。どんな食べ物の店に行く？
H：I often go sushi restaurant. What is your favorite sushi restaurant?	H：私は寿司屋に行くよ。あなたのよく行く寿司屋は？
A：Maybe Sushiro.	A：スシローかな。
H：I often go to Kurazushi.	H：私は，くら寿司かな。
A：Yeah, Kurazushi is good, too.	A：くら寿司もおいしいよね。

② 教師と児童が会話をする（3分）

5人の児童に "What kind of shop do you go?" "By the way do you like sushi?" を使って話しかけます。

児童の答えに合わせて "What is your favorite sushi restaurant?" とさらに質問していきます。

③ 1回目の Small Talk をする（2分）

（Hello! 自己紹介 握手 How are you? のやり取りで始める）

S1：What kind of shop do you go?
S2：Let me see! I go BOOK-OFF.
S1：Oh, BOOK-OFF. Me, too.
　　By the way what is your
　　favorite restaurant?
S2：I go to McDonald's.
S1：I see. What is your favorite
　　menu in McDonald's?
S2：I like teriyaki burger.
S1：That's nice.
（次にS2が尋ねて理由を聞く）

ここがポイント！

新しい話題を考えたり，話題をかえる時にどうしていいかわからず無言になってしまうことがよくあります。"Let me see." で考えていることを示したり "By the way" を使って会話の流れを変えたりできることに慣れさせていきます。

④ Discussion Time をする（2分）

質問を続けて，長く会話をできたペアに全員の前で会話を再現してもらいます。

⑤ 2回目の Small Talk をする（2分）

2月 79 校内で一番好きな場所は？

【目的】友だちと校内の一番好きな場所について話そう！
【場面】休み時間の雑談
【状況】友だちと楽しく話したい

　児童にはそれぞれ学校の中で，自分の好きな落ち着く場所があります。会話の目的を「みんなが知らない秘密のことを教えよう」とすると楽しく話せます。

1 導入する（3分）

（Hello!　自己紹介　握手　How are you? のやり取りで始める）

H : I was looking for you. Where were you?	H : 探していたよ。 どこにいたの？
A : I was at *Dokan* mountain.	A : 土管山にいた。
H : What did you do there?	H : 何していたの？
A : I was doing tag.	A : 鬼ごっこをしていた。
H : That's sounds fun. Is *Dokan* mountain your favorite place?	H : 楽しそうだね。土管山はお気に入りの場所なの？
A : Yes, it is. Where is your favorite place?	A : そうだよ。 あなたの一番好きな場所はどこ？
H : I like the library.	H : 私は図書館。
A : Why do you like the library?	A : どうして？
H : Because I like books. There is the doll of totoro.	H : 本が好きだから。 トトロの人形もあるよ。
A : Totoro. I didn't know that.	A : トトロ。知らなかった。
H : The library is comfortable.	H : 図書館は落ち着くよ。
A : I'll go next time.	A : 今度行ってみよう。

② 教師と児童が会話をする（3分）

「学校の中のお気に入りの場所を話しましょう。みんなが知らない秘密もあったら教え合いましょう。」と会話の目的を話します。5人の児童に"Where is your favorite place in this school?"を使って話しかけます。"Why do you like there?"と理由も尋ねます。「comfortable（落ち着く）」など児童が必要な形容詞を教えておきます。

③ 1回目のSmall Talkをする（1分）

（Hello!　自己紹介　握手　How are you? のやり取りで始める）

S1：Where is your favorite place in this school?
S2：My favorite place is the toilet.
S1：The toilet. Really?
　　Why?
S2：The toilet is comfortable.
　　"Help" 一人になれるから
A ：I can be alone.
S1：I see. But I don't think so.
　　There are sometimes ghosts in the toilet.
　（次にS2が尋ねて理由を聞く）

ここがポイント！

友だちの話に "I see." "Me, too." "Really." "I think so, too." "I don't think so." など必ず感想を言うようにします。秘密のポイントも工夫して話すと楽しく会話できます。

④ Discussion Timeをする（3分）

⑤ 2回目のSmall Talkをする（1分）

2月

⓼⓪ 来年の担任の先生は誰？

【目的】友だちと来年の担任の先生は誰か予想しよう！

【場面】休み時間の雑談

【状況】友だちと楽しく話したい

今年度も終わりに近づき来年の担任の先生が誰かは，児童がよく話している話題です。既習の人物の特徴を表す形容詞から選択して使います。

① 導入する（2分）

（Hello! 自己紹介 握手 How are you? のやり取りで始める）

H：Fifth grade is almost over.	**H**：5年生はもうすぐ終わりだね。
A：Yes. I will miss you.	**A**：そうだね。さみしいね。
H：I will miss you, too.	**H**：私もさみしい。
A：If you are a student who do you want to be your homeroom teacher?	**A**：もしあなたが生徒だったら，来年の担任の先生は誰がいいと思う？
H：I want it to be Ms. Yamada.	**H**：山田先生がいいな。
A：Why do you think that?	**A**：どうしてそう思うの？
H：Because she is kind.	**H**：やさしいから。
A：I think she is kind.	**A**：私も優しいと思う。
H：If you are a student who do you want to be your homeroom teacher?	**H**：もしあなたが生徒だったら，担任の先生は誰がいい？
A：I think I want it to be Mr. Saitou.	**A**：斎藤先生がいいと思う。
H：Why do you think that?	**H**：どうしてそう思うの？
A：I think he is active.	**A**：活動的だから。

190

② 教師と児童が会話をする（3分）

　最初にクラス全員に "Fifth grade is almost over." "I will miss you." と話しかけます。児童にどんな意味かを尋ねて一緒に考えます。その後，教師に向けてや，隣同士で "I will miss you." と声をかけ合って，この表現に慣れ親しませます。5人の児童に "Who do you want to be your homeroom teacher?" を使って話しかけます。"Why do you think that?" と理由を尋ねる中で，既習の人物を表す形容詞から選択して答えさせます。"I think he is kind." というように，「I think」をつけて自分の考えを話すようにさせていきます。

③ 1回目の Small Talk をする（2分）

　（Hello!　自己紹介　握手　How are you? のやり取りで始める）

S1 : Who do you want to be your
　　　homeroom teacher?

S2 : Mr. Sugihara.

S1 : Oh, Sugihara.
　　　Why do you think that?

S2 : Because I think he is smart.
　　　And he can play volleyball well.

S1 : I see.　I think so.

　（次にS2が尋ねて理由を聞く）

ここがポイント！

　"I will miss you." は決まった表現としてこの機会に慣れ親しませます。また，「I think」をつけて自分の考えを話すようにします。相手の話に対しても "I think so." "I don't think so." のように自分の考えを示すことで話し合う表現に慣れさせていきます。

④ Discussion Time をする（2分）

⑤ 2回目の Small Talk をする（2分）

3月
81 春を感じるものは？

【目的】友だちと春を感じるものについて話そう！
【場面】休み時間の雑談
【状況】友だちと楽しく話したい

　　次第に暖かくなり，春を感じるようになります。春を感じるものは人によっ
て様々です。楽しく交流できる話題です。

① 導入する（2分）

（Hello!　自己紹介　握手　How are you？のやり取りで始める）

A : I found a dandelion.	A : タンポポを見つけたよ。
H : Dandelion! It is spring.	H : タンポポ！　春だね。
A : What do you think about spring?	A : あなたが春を感じるのは何？
H : I think *tsukushi*.	H : つくしかな。
A : What is it?	A : 何それ？
H : It is plant.	H : 植物だよ。
A : I don't know. What's that?	A : 知らない。どんなもの？
H : Really? It is brown. The height is about 10 centimeters.	H : 本当に？　茶色。10cm くらい。
A : Where can I see *tsukushi*?	A : どこにあるの？
H : Side of street. You can find it in school. You can eat it too.	H : 道端とか。学校にもあるよ。食べることもできる。
A : Amazing. How do you eat it?	A : 驚いた。どうやって食べるの？
H : You can boil it or make *tempura*.	H : ゆでたり，てんぷらにしたり。
A : I want to try it.	A : 食べてみたいな。
H : I can make it for you.	H : 作ってあげるよ。

192

② 教師と児童が会話をする（3分）

　ALTとHRTの会話を聞いて，ALTがつくしを知らないことに気づいた児童は，口々に「つくし」を英語で説明しようとしました。つくし料理について説明しようとしている子もいました。このような，何とか伝えようとする気持ちを大切にしていきます。5人の児童に "What do you think about spring?" を使って話しかけます。"What is it?" "Where is it?" とさらに詳しく聞いていきます。自分の考えや，感想を話す時は「I think」をつけるようにさせていきます。

③ 1回目のSmall Talk をする（2分）

（Hello! 自己紹介 握手 How are you? のやり取りで始める）

S1：What do you think about spring?
S2：Let me see ….
　　　I think cherry blossoms.
S1：Ah yes!
　　　I think so. Do you like *hanami*?
S2：Yes. It's very fun.
S1：Why?
S2：I can eat special foods.
　　（次にS2が尋ねて理由を聞く）

ここがポイント！
相手の話に対して，リズムよく感想を言ったり，質問をして内容を膨らませたりすることを大切にします。楽しく自然に近い会話ができるようにしていきます。

④ Discussion Time をする（2分）

⑤ 2回目のSmall Talk をする（2分）

3月
82 春休みにやりたいことは？

【目的】友だちと春休みにやりたいことについて話そう！

【場面】休み時間の雑談

【状況】もうすぐ春休みの時

もうすぐ春休みの時の話題です。夏休みの前，冬休みの前にも何がしたいか話題にしてきました。これまで使った表現を思い出して話します。

---

① 導入する（2分）

（Hello!　自己紹介　握手　How are you? のやり取りで始める）

H：It will be spring holidays soon.	**H**：もうすぐ春休みだね。
A：Yes. Time flies!	**A**：そうだね。時間がたつのは早いね。
H：What do you want to do for the spring holidays?	**H**：春休みには何をしたい？
A：I want to see cherry blossoms in spring.	**A**：春はお花見だね。
H：That's awesome!!	**H**：お花見いいね。
A：Where do you see it?	**A**：あなたはどこでお花見するの？
H：*Sakura-park*.	**H**：桜公園だな。
A：That's beautiful.	**A**：きれいだね。
H：What do you want to eat?	**H**：お花見では何を食べたい？
A：*Odango*! That's nice.	**A**：お団子が食べたい。おいしい。
H：What's kind of taste do you like?	**H**：どんな味が好きなの？
A：That must be soy sause.	**A**：絶対醤油味だね。
H：It's called *mitarashi dango*. That's so delicious.	**H**：みたらし団子だね。おいしいね。

② 教師と児童が会話をする（3分）

　最初に "It will be spring holidays soon. Time flies!" と今日の話題の設定を話します。
　5人の児童に "What do you want to do in spring holidays?" を使って話しかけます。"Why do you want to do it?" と理由を尋ねる中で，児童が言いたいことの英語表現を一緒に考えながら，必要な表現を思い出させていきます。

③ 1回目の Small Talk をする（2分）

（Hello!　自己紹介　握手　How are you? のやり取りで始める）

S1：What do you want to do
　　 for the spring holidays?
S2：Let me see!
　　 I want to go shopping.
S1：Oh, shopping. Why?
S2：Because I want to have a new bag.
S1：I see. That's awesome!
（次にＳ２が尋ねて理由を聞く）

ここがポイント！

　これまでに慣れ親しんできた相手の話について反応する表現を使っていきます。より自然に近い会話になるようにリズムよく話すことに気をつけるようにします。

④ Discussion Time をする（2分）

　楽しく会話をするために，間を空けずリズムよく話すことを大切にすることを話します。うまくできていたペアに会話を再現してもらいます。

⑤ 2回目の Small Talk をする（2分）

3月
83 ひな祭りには，何を食べる？何をする？

【目的】 ひな祭りに何を食べたか，何をしたかについて話そう！

【場面】 休み時間の雑談

【状況】 ひな祭りが終わった頃

　　ひな人形を飾ることは日本独特の文化です。日本の行事について，英語で話せるようになることをねらいます。

---

① 導入する（2分）

H ：何を話しているか考えながら，先生と ALT の会話を聞きましょう！

（Hello!　自己紹介　握手で始める）

A ：Yesterday was March 3.	A ：昨日は 3 月 3 日だった。
H ：Yes. It was *Hinamatsuri*.	H ：うん。ひな祭りだった。
A ：What do you do for *Hinamatsuri*?	A ：ひな祭りは何をするの？
H ：We decorate dolls.	H ：人形を飾るよ。
A ：I see. Beautiful. 　　What do you eat?	A ：知ってる。きれいだね。 　　何を食べるの？
H ：I eat *hamaguri soup* and *chirashizushi*.	H ：ハマグリの吸い物とちらし寿司。
A ：*Hamaguri soup*? I don't know. 　　Anything else?	A ：ハマグリの吸い物。知らない。 　　他には？
H ：I eat cake and *hinaarare*. 　　We eat *sanshokudango* at 　　school lunch.	H ：ケーキとひなあられを食べる。 　　給食で 3 色だんごも食べるよ。
A ：I like *sanshokudango*.	A ：3 色だんご好きだな。
H ：Me, too. It's delicious.	H ：私も。おいしいね。

（児童のつぶやきを取り上げながら概要を掴む。目的・場面・状況を示す）

196

② 教師と児童が会話をする（3分）

5人の児童に"What do you do for *Hinamatsuri*?" "What do you eat?"を使って話しかけます。"What's this?" "Anything else?"とちらし寿司の具や，どんなお菓子を食べたかなど，話題を膨らませていく質問をしていきます。

③ 1回目のSmall Talkをする（2分）

（Hello!　自己紹介　握手で始める）

S1 ： What do you do for *Hinamatsuri*?
S2 ： We decorate dolls.
S1 ： Great!
　　　What do you eat?
S2 ： I eat cake.
S1 ： Cake! That's nice.
S2 ： What else?
S1 ： I eat *hinaarare*.
（次にS2が尋ねて理由を聞く）

ここがポイント！

"What else?"を使って話題を広げるようにします。特に家では何もしない場合は，一般的にひな祭りで行うことを思い出させて話し合わせる設定にします。

④ Discussion Timeをする（2分）

「特に何もしない。」という児童もいます。質問に応じて"Nothing special."も教えます。今年は何もしなかったかもしれませんが，今までにしたことや，ひな祭りの日の給食のメニューを思い出して話すようにします。

⑤ 2回目のSmall Talkをする（2分）

小学校生活の一番の思い出は何?

3月 84

【目的】友だちと小学校生活の一番の思い出について話そう！

【場面】休み時間の雑談

【状況】卒業が近づいた時期

　小学校生活を振り返って一番心に残っている思い出を話題にします。友だちの話の後，「楽しかったね。」と声をかけ合って終わるようにします。

---

① 導入する（2分）

（Hello!　自己紹介　握手　How are you? のやり取りで始める）

H : I will finish elementary school soon.	H : もうすぐ小学校生活も終わりだね。
A : Yeah, I will miss it.	A : そうだね。さみしいな。
H : What is your best memory in your elementary school life?	H : 小学校生活の一番の思い出は何？
A : Well, my best memory is our school trip.	A : うーん，そうだなー。修学旅行かな。
H : Why is it your best memory?	H : どうして？
A : Because I slept with my friends. And I talked about many things.	A : 友だちと一緒に寝たから。そしていろいろな話をしたから。
H : That was really fun.	H : 楽しかったね。
A : What is your best memory?	A : あなたの一番の思い出は？
H : I played a lot with many friends.	H : たくさんの友だちとたくさん遊んだことかな？
A : What did you play with them?	A : 友だちと何をしたの？
H : We played dodgeball after school.	H : 放課後にドッジボールをしたね。
A : We were fun.	A : 楽しかったね。

198

（2）教師と児童が会話をする（3分）

　最初に "I will finish elementary school soon. I will miss it." と全体に話しかけて場面設定をします。5人の児童に "What is your best memory in your elementary school life?" を使って話しかけます。テーマが大きいためしばらく考える間をとります。その間にいろいろな例を示していきます。"My best memory is school trip." "My best memory is sport festival." "My best memory is 仲良し遊び." "My best memory is making camp fire." "My best memory is playing with my friends."

（3）1回目の Small Talk をする（2分）

（Hello!　自己紹介　握手　How are you?　のやり取りで始める）

S1：What is your best memory in your elementary school life?

S2：My best memory is the sport festival.

S1：Oh, the sport festival.　Why?

S2：Because I was a cheer leader.

S1：You were Cool.　We were fun.
（次にS2が尋ねて理由を聞く）

> **ここがポイント！**
>
> 　過去形で表現しなくてはいけない場合は，児童の質問に応じながらその場で言いたい表現を教えていき，使わせていく中で気づかせていきます。最後は "We were fun." で同意して終わるように話します。

（4）Discussion Time をする（2分）

　児童の質問は様々な内容について質問をしてきます。1回目の会話中に多くの児童が応用していける内容を選んでおいて紹介するようにします。

（5）2回目の Small Talk をする（2分）

友だちに感謝の気持ちを伝えよう！

3月 85

【目的】友だちの良いところや感謝の気持ちを伝えよう！

【場面】休み時間の雑談

【状況】卒業前の時期

友だちの良いところや今までの感謝の気持ちを伝えます。日本語では改まって言えないことも英語で表現すると伝えられます。

① 導入する（2分）

（Hello!　自己紹介　握手　How are you? のやり取りで始める）

H：We will separate soon.	**H**：もうすぐお別れだね。
A：I'm very sad.	**A**：とてもさみしいよ。
H：Me, too. Thanks for always being my friend.	**H**：そうだね。 今まで仲良くしてくれてありがとう。
A：You are very kind. You are very funny. And I respect you.	**A**：あなたはとてもやさしい。面白い。私は尊敬しています。
H：Why do you think so?	**H**：どうしてそう思うの。
A：Because you teach me Japanese. Thank you.	**A**：あなたは私に日本語を教えてくれました。ありがとう。
H：You are welcome. Thanks for your kindness. And I respect you, too.	**H**：どういたしまして。あなたの親切にも感謝しています。 そして，尊敬しています。
A：Why do you think so?	**A**：どうして？
H：Because you teach easy to understand English to us.	**H**：私たちにわかりやすく英語を教えてくれたから。
A：Thank you.	**A**：ありがとう。

② 教師と児童が会話をする（4分）

最初に "We will separate soon. I'm very sad." と今の状況を伝え合わせます。「今日は感謝の気持ちと友だちの良いところを相手に伝えよう！」と目的を話します。"Thanks for always being friend." の意味を考えさせて，まず隣同士のペアで言ってみます。「ALT に感謝を伝えたい人はいますか？」と問いかけて，積極的に手を挙げた子と ALT で会話をさせます。"Thank you for teaching us." など HRT が助けながら気持ちを伝えさせます。ALT は "I like you. I respect you." と答えて，"You are a good student. You can speak English very well." など，その子の良さを伝えます。

③ 1回目の Small Talk をする（2分）

（Hello! 自己紹介 握手 How are you? のやり取りで始める）

S1 : Thanks for always being my friend.

S2 : You are welcome.

S1 : I respect you.

S2 : Why do you think so?

S1 : Because you are intelligent. You can play soccer well.

S2 : Thank you!

S1 : You are welcome.

（次に S 2 が尋ねて理由を聞く）

ここがポイント！

今回は "I respect you." を使って，相手の素晴らしさを伝えたいことを表します。

"Thank you!" と言った時の返答として "You are welcome." はよく使われる決まり文句です。他の表現もありますが，まずこの答え方に慣れさせて，やり取りすることの楽しさを味わいましょう。

④ Discussion Time をする（1分）

⑤ 2回目の Small Talk をする（2分）

201

3月

86 あなたの夢は？

【目的】友だちに自分の夢について話そう！

【場面】休み時間の雑談

【状況】友だちと楽しく話したい

自分の夢についての話題です。なりたい職業ばかりではなく，将来やってみたいことなど，どんな夢でもいいので自由に話すようにします。

---

① 導入する（2分）

（Hello!　自己紹介　握手　How are you? のやり取りで始める）

H：What is your dream?	H：あなたの夢は何？
A：I want to travel around the world.	A：世界中を旅したい。
H：Great! Why do you think so?	H：いいね。どうして？
A：I want to know different cultures around world.	A：いろいろな国の文化を知りたい。
H：I see. Sounds fun.	H：なるほど。楽しそうだね。
A：How about you?	A：あなたの夢は何？
H：I want to be an astronaut.	H：宇宙飛行士になりたいな。
A：Wow, that's cool. Why do you want to be an astronaut?	A：かっこいいね。どうして。
H：I want to see the earth from space.	H：宇宙から地球を見てみたいんだ。
A：That's interesting.	A：面白そうだね。
H：I must train my body.	H：体を鍛えないといけないな。
A：You can do it. Good luck.	A：きっとできるよ。頑張ってね。
H：Thank you. I will do my best.	H：ありがとう。頑張るよ。

②　教師と児童が会話をする（3分）

　5人の児童に "What is your dream?" を使って話しかけます。"Why do you want to do so?" と理由を尋ねる中で，児童が質問した表現は教えていきます。大きなテーマなので考える時間を少しとります。その間に答え方の例をいくつか示します。身近なやってみたいことでも構わないように話していきます。"I want to be a gamecreater." "I want to be a YouTuber." "I want to go to France." "I want to go a concert."

③　1回目の Small Talk をする（2分）

（Hello!　自己紹介　握手　How are you? のやり取りで始める）

S1：What is your dream?
S2：I want to be a pâtissier.
S1：Oh, pâtissier. Cool.
　　　　Why do you think so?
S2：Because I like sweets.
　　　　I like cooking, too.
S1：That's nice. You can do it!
S2：Thank you! I will do my best.
（次にS2が尋ねて理由を聞く）

ここがポイント！

友だちの夢を聞いた後に必ず，"That's nice." "You can do it!" "Good luck!" と励ます言葉をかけるようにします。それに対して，"Thank you!" "I will do my best." と答えて笑顔で終わるようにしていきます。

④　Discussion Time をする（2分）

⑤　2回目の Small Talk をする（2分）

203

3月
87 中学校でどんなことがしたい？

【目的】友だちと中学校生活について考えていることを話そう！
【場面】休み時間の雑談
【状況】卒業前の時期

中学校生活に対する期待や不安を話す話題です。入りたい部活動などに限定せずに考えていることを広く自由に話すようにします。

---

① 導入する（2分）

（Hello! 自己紹介 握手 How are you? のやり取りで始める）

H : We will be junior high school students soon.	**H** : もうすぐ中学生だね。
A : Yes, I can't wait.	**A** : そうだね。楽しみだな。
H : What do you want to do in junior high school?	**H** : 中学校でやりたいことは何？
A : I want to belong to the basketball club.	**A** : バスケットボール部に入りたい。
H : Why do you like basketball?	**H** : なぜバスケットボール好きなの？
A : Because I get excited, when I score a point.	**A** : シュートが入ると気持ちがいい。
H : Nice. Do your best!!	**H** : そうだね。頑張ってね。
A : Thank you! What do you want to do in junior high school?	**A** : ありがとう。あなたは中学校で何をやりたいの？
H : I want to make many friends. But I worry if I can make friends.	**H** : 友だちをたくさん作りたい。でも，友だちができるか心配なんだ。
A : Don't worry. You are fine.	**A** : 大丈夫だよ。できるよ。
H : Thank you.	**H** : ありがとう。

204

② 教師と児童が会話をする（3分）

最初に "We will be junior high school students soon. We can't wait." と場面設定を話します。

5人の児童に "What do you want to do in junior high school?" を使って話しかけます。多くの子が新しく始まる部活動について話したいと考えています。"I want to belong to the soccer club." "I want to belong to the chorus club." といくつかの例を示します。理由を尋ねる中で、児童が質問した形容詞は教えていきます。

③ 1回目の Small Talk をする（2分）

（Hello!　自己紹介　握手　How are you? のやり取りで始める）

S1 : What do you want to do in junior high school?
S2 : I want to belong to the soccer club.
S1 : Oh, soccer.
　　 Why do you think so?
S2 : Because I like soccer.
S1 : I think you can play soccer well. You can do it.
S2 : Thank you!
（次にS2が尋ねて理由を聞く）

ここがポイント！

相手の話を聞いた後、「I think」を使って相手を応援する言葉をかけるようにします。最後に "You can do it." "Thank you!" と言葉を交わして笑顔で会話を終えられるようにします。

④ Discussion Time をする（3分）

⑤ 2回目の Small Talk をする（2分）

初めて出会った外国の方を おもてなししよう!

3月 88

【目的】初めて出会った外国の方をおもてなししよう!

【場面】自分の家のリビング

【状況】外国からのお客さんに日本や自分の町について知ってもらいたい

最後の目指す姿として,初めて出会った外国の方に自分から進んで話しかけるという話題です。話の内容も使う表現も自由に選択させます。

① 導入する（2分）

（Hello! 自己紹介 握手 How are you? のやり取りで始める）

H：Where are you from?	H：どこから来たのですか？
A：I'm from America.	A：アメリカから来ました。
H：Oh, America. Hamburgers are delicious in America.	H：アメリカね。ハンバーガーがおいしいですね。
A：Yeah, I like them.	A：そうですね。大好きです。
H：Do you like Japanese food?	H：日本食は好きですか？
A：Yes, I do.	A：好きです。
H：What kind of Japanese food do you like?	H：どんな日本食が好きですか？
A：I like sushi.	A：寿司が好きです。
H：Me, too. Sushi is so delicious. By the way Gifu is famous for Gifu castle. There is a castle on the top of the mountain. There is a nice view from there.	H：私も好きです。寿司はおいしい。ところで,岐阜は岐阜城が有名ですよ。山のてっぺんにあって景色がいいですよ。
A：I will try to go there.	A：行ってみます。

206

② 教師と児童が会話をする（3分）

最初に「外国から来たお客さんにくつろいでもらえるようにあなたから積極的に話しかけて会話しましょう。」と目的を話します。ALTを初めて出会った外国のお客と想定して，5人の児童が順に話しかけます。内容は自由にします。（今まで身に付けてきたすべての英語の力を発揮できるため，この設定で，パフォーマンステストも行いました。）

③ 1回目のSmall Talkをする（2分）

S1が児童　S2が外国の方の設定
　（Hello!　自己紹介　握手　How are you? のやり取りで始める）

S1：Where are you from?
S2：I'm from France.
S1：Do you like sports?
S2：Yes, I do.　I like basketball.
S1：I like Judo.　Judo is a Japanese sport.　Do you know Judo?
S2：Yes.　But I can't do Judo.
S1：Please try Judo.
S2：I will try Judo.
　（S1とS2の役割を交代する）

ここがポイント！

最後の目指す姿として，初めて会った外国の方に日本の文化や自分の町の良いところを紹介する活動を仕組みます。今まで学習してきたことをもとに，実際の場面に近い状態で使えるようになることをねらいます。

④ Discussion Timeをする（2分）

⑤ 2回目のSmall Talkをする（2分）

【著者紹介】

山口　美穂（やまぐち　みほ）
　　　　　　岐阜市立茜部小学校主幹教諭。
　　　　　　岐阜大学教育学部，岐阜大学教職大学院教育研究科卒業。岐阜県揖斐郡池田町立池田中学校勤務後，岐阜市，大垣市の小学校に勤務。岐阜市小学校英語研究会主務，岐阜市小学校英語教科指導員，岐阜県小中学校英語研究会研究部長を歴任。各種セミナー等に参加し実践を学ぶ。
　　　　　　JAS 小学校英語教育学会会員，JASTEC 日本児童英語教育学会会員，岐阜市，羽島市，山県市，美濃市で夏期小学校英語講習会講師。寄稿には『これからの小学校英語教育の発展』アプリコット社，『Fun with MATH 実践事例集　算数で遊ぼう』啓林館，『KIDS CROWN　アドバンストコース解説』三省堂がある。

〔本文イラスト〕木村美穂

小学校英語サポートBOOKS
身近な話題で楽しく話せる！
Small Talk 月別メニュー88

2019年8月初版第1刷刊 2020年6月初版第3刷刊	©著　者	山　　口　　美　　穂
	発行者	藤　　原　　光　　政
	発行所	明治図書出版株式会社

http://www.meijitosho.co.jp
（企画）木山麻衣子（校正）有海有理
〒114-0023　東京都北区滝野川7-46-1
振替00160-5-151318　電話03(5907)6702
ご注文窓口　電話03(5907)6668

＊検印省略　　　　　組版所 株式会社木元省美堂

本書の無断コピーは，著作権・出版権にふれます。ご注意ください。

Printed in Japan　　　　　　ISBN978-4-18-313346-5
もれなくクーポンがもらえる！読者アンケートはこちらから
→